KB238535

B2C영업 블루오션시리즈 2

영업 성공전략

경쟁자가 복제할 수 없는
거래특유의 자산구축으로
영업의 경쟁력을 강화하라!

2018
개정판

B2C영업 블루오션시리즈 2

영업 성공전략

경쟁자가 복제할 수 없는
거래특유의 자산구축으로
영업의 경쟁력을 강화하라!

Business to Consumer

송균석 · 노진경 지음

이담 Books

개정판을 내며

대학교를 졸업하고 처음 시작한 일이 "개인의 성공계획서 작성"이라는 미국의 자기 개발서인 성공매뉴얼을 판매하는 일이었다. 영업에 대한 지식이 전무한 상태에서 시작한 영업이 지금은 영업실무자들을 대상으로 영업에 대한 강의를 하는 수준에까지 이르렀다. 돌이켜 생각해보면 처음 영업을 할 때는 영업에 대한 이해도 없이 무조건 열심히 사람을 만나면 성과를 올릴 수 있을 것이라는 기대로 일을 한 것 같았다. 그러면서 나름대로 영업을 잘할 수 있는 방법을 찾고자 책을 읽어보기도 했지만 내가 원하는 답을 주는 책을 만나기 어려웠다. 대부분의 영업 관련 책들은 특정한 영업상황에 대한 대응법과 대화 및 화법, 설득기법, 도전, 열정, 끈기 등등에 대한 내용이었다. 이러한 것이 영업실무자들에게 매우 필요하다는 것을 인정하면서 열심히 읽고 활용하려고 무척이나 애를 쓴 것 또한 사실이다. 하지만 내가 원했던 것은 영업도 하나의 업무인데 이 업무를 올바르게 준비하고 수행하기 위해 필요한 프로세스와 매뉴얼과 같은 것이었다.

이때 다행스럽게도 내가 만난 것이 카네기 훈련 프로그램이었다. 이 훈련 프로그램을 B2B고객과, B2C고객을 대상으로 영업하면서 카네기 프로그램 영업매뉴얼과 영업시나리오를 만났고, 영업매뉴얼과 영업시나리오의 매뉴얼이 주는 가치를 알게 되었다. 다른 업무와 마찬가지로 영업매뉴얼은 영업의 기초체력과 능력을 다지는 것이다. 기초가 튼튼해야 다양한 상황에 대한 대응력을 발휘할 수 있다는 것을 카네기 훈련 프로그램에서 만난 세일즈 키트를 통해서 알게 되었다.

이러한 경험을 토대로 지금은 영업실무자들을 대상으로 강의하면서 내가 가장 강조하는 것은 영업에 대한 기본적인 지식, 기술 그리고 태도이다. 고객을 접촉하고 상담을 하며, 계약을 받기까지의 영업상황은 시시각각으로 변한다. 이 모든 상황에 적절하게 대응하고, 고객을 만족시키며, 고객을 설득하는 데 성공해야만이 영업에서 성과를 올릴 수 있다. 가끔은 강의에 참석한 분들 중에 내 강의가 너무 기본적인 것이라는 평을 한다. 하지만 영업경험이 1년이든, 5년이든 아니 10년이든 고객을 발굴하고 접촉하며 반대를 극복하고 설득하는 과정은 똑같다는 것이 나의 생각이다. 경력이 많으면 상황에 대처하는 능력이 좋아질 뿐이다. 10년 경력을 가진 영업실무자 혹은 관리자가 만나는 고객이 10년을 거래한 고객이 아니며, 신규고객도 있다. 따라서 어떠한 고객이든 처음 만나서 계약을 받을 때까지 영업업무의 기본적인 프로세스는 어떤 영업실무자든 충분히 갖추어져 있어야 한다는 것이 나의 생각이다.

B2C영업 블루오션 시리즈를 쓴 지도 5년이 지났다. 그동안 많은 분들이 이 책을 통해 영업에 대한 기초체력을 쌓는 데 도움이 되었으리라 생각을 한다. 개정판을 다시 준비하면서 좀 더 실제적이고 현업에 활용 가능하면서도 영업의 기초체력을 쌓는 데 많은 도움이 되는 내용을 수정, 보완 및 추가하였다. 책이나 교육훈련이 필요한 이유 중 하나는 시간의 흐름과 경험을 통해 배울 수 있는 것을 짧은 시간에

학습할 수 있고, 이를 통해 경험학습비용을 최소화할 수 있다는 것이다. 경험학습비용을 줄인다는 것은 그만큼 시간을 효과적으로 활용할 수 있다는 것을 의미한다. 물론 이 책의 모든 내용이 독자들의 영업 현실과 다소 차이가 날 수 있다. 그 차이를 메우는 것은 독자들이 이 책의 내용을 잘 소화해 스스로 자신의 영업상황에 활용할 수 있는 새로운 아이디어를 발굴하는 것이다.

영업은 누구나 할 수 있지만 아무나 최고의 영업실무자가 되지는 않는다. 영업은 운이 좌우하는 것이 아니다. 철저한 준비와 계획, 전략과 전술이 병행되어야 한다. 이번 개정판을 통해 영업에서 성공을 꿈꾸는 많은 분들이 영감을 얻고 또 새로운 지식과 기술을 얻었으면 하는 간절한 바램을 가져본다.

노진경 경영학박사

머리말

영업실무자에게 다양한 니즈와 구매력을 갖춘 새로운 가망고객이란 언제나 최고의 영업기회를 제공해 준다. 고객 스스로 영업실무자를 찾는 경우(매장영업 등)도 그렇지만 영업실무자가 가망고객을 발굴하고 접근을 해서 그 가망고객을 자신의 고객(계약고객)으로 만드는 활동은 그 어떤 활동보다 영업실무자에게는 성취감을 준다.

B2C영업의 고객은 영업실무자가 생각하는 것보다 매우 다양하다(성격, 성별, 나이, 욕구, 라이프스타일 등). 관건은 이러한 가망고객을 경쟁자보다 먼저 발굴하고 접근해 자신의 고객으로 만들어야 한다는 것이다. B2C영업실무자가 활용할 수 있는 가망고객 발굴 방법은 여러 가지가 있다. 가치 중심의 가망고객 발굴, 정보를 활용한 가망고객 발굴, 추천을 통한 가망고객 발굴 등이 있다. 어떤 상품을 영업하든지 영업실무자는 자신의 상품이 가진 가치에 대한 욕구와 니즈를 가진 시장과 가망고객을 발굴해 고객에 맞는 적절한 영업활동을 전개할 수 있어야 한다.

고객에 따라 니즈도 다르고 접근 방법 또한 다르다. 전자제품(특히 IT 제품, 모바일 제품 등)의 경우 가망고객이 직접체험을 하고 사용할 기회를 제공함으로써 가망고객을 신속하게 거래고객으로 유치할 수도 있다. 그리고 같은 전자제품이라고 하더라도 고객이 누구인가(대학생, 교수, 연구전문가 프리랜서 등)에 따라 영업의 접근 전략과 고객을 설득하는 메시지가 달라야 한다. 고객의 구매프로세스와 구매동기를 무시한 판매정책과 마케팅전략이 실패하는 경우를 우리는 쉽게 목격한다.

영업실무자에게 있어 영업전략이란 고객이 경쟁사 혹은 경쟁영업사원의 제안보다는 자신의 제안을 선택하도록 하는 활동의 방향성을 결정하는 것이다. 영업전략에는 고객이 얻는 가치를 명확하고 신뢰가 가도록 전달하는 것에 더해서 자신만의 차별화된 가치를 고객이 인식하고 기억하게 함으로써 구매결정을 끌어내는 것이 포함되어야 한다.

고객은 다양한 이유로 상품과 서비스를 구매한다. 우리는 고객이 상품과 서비스를 구매하는 욕구 또는 이유를 고객의 니즈라고 이야기한다. 영업실무자는 고객에게 제안하는 모든 메시지와 다양한 영업활동의 도구들을 활용해 고객이 거절하거나 저항할 수 없게 제안할 수 있어야 한다. 이를 위해서는 상품과 서비스의 가치를 명확하게 파악해 알고 있어야 한다. 그리고 고객이 가진 니즈의 종류와 수준을 파악해 상품과 서비스의 가치로 연결하여야 한다. 이 연결을 통해 고객이 상품과 서비스를 구매하면 자신의 욕구를 채울 수 있다는 확신 (상품의 가치에 대해)을 가지게 할 수 있기 때문이다.

B2C영업 시리즈 2에서는 B2C영업실무자가 고객을 발굴하는 방법에 대해 알아본다. 그리고 고객의 상황과 니즈, 구매방법, 관여도 수준, 고객이 가진 권한 등에 맞는 개별화된 접근방법에 대해서도 자세하게 알아볼 것이다. 물론 이 모든 영업활동 포인트는 고객의 니즈를 충족시켜 주는 가치를 제안을 하는 것이다. 그래서 고객이 저항하지 못하고 영업실무자의 제안을 받아들이도록 하는 것이다. 그 방법에 대해 자세히 알아보도록 한다.

노진경 경영학박사

Contents

Part 2. 영업목표를 이해하고 달성전략을 실행하라

Part 1

영업의 기회를 확보하라

제 1 장

영업의 기회(가망고객 발굴)를 전략적으로 하라

　영업실무자 김기도 씨, 오늘도 영업활동을 마친 후 일과를 정리해 상사인 박 팀장에게 보고한다. 박 팀장은 김기도 씨의 영업활동 보고서를 받고 검토한 후 김기도 씨를 부른다.

　박 팀장: 김기도 씨 오늘도 수고가 많았네.

　김기도: 예, 늘 열심히 하려고 애쓰고 있습니다. 그런데 무슨 일로 부르셨습니까?

　박 팀장: 응, 그건 다른 것이 아니고 자네의 지난 한 달 영업활동을 분석해 봤는데 궁금한 것이 있어서…….

　김기도: 그래요? 어떤 점이 궁금하신지요(하면서 속으로 의아해한다).

　박 팀장: 자네의 지난 한 달 영업활동 중 신규고객은 한 곳도 없던 데 어찌 된 일인가?

　김기도: 글쎄요. 저도 사실은 그것 때문에 고민입니다. 늘 사무실에 앉아서 새로운 고객이 전화를 걸어오기를 기다릴 수도 없고……. 사실 그동안 대부분 신규고객을 그런 식으로 발굴했는데 신입사원이 들어와서 그것마저도 그 친구에게 할당되고…… 고민입니다.

　박 팀장: 그래! 그동안 새롭게 발굴한 신규고객이 없는 이유가 거

기에 있었구면. 그럼 앞으로 어떻게 신규고객을 발굴할 생각인가? 이 문제를 빨리 해결해야 할 것 같네.

김기도: 팀장님께서 알고 계시는 좋은 방법을 알려 주시기 바랍니다.

박 팀장: 그건 다음 달에 전체 직원들 대상으로 교육할 때 전달해 주겠네. 우선 그 동안은 자네 힘으로 신규고객을 발굴하는 방법을 조사해 보는 것이 어떻겠는가?

김기도: 알겠습니다.

1. 영업의 기회 발굴이란?

영업실무자가 자신의 영업목표를 달성하고, 자신의 영업역량을 마음껏 발휘할 영업의 기회, 즉 가망고객(매출을 올릴 수 있는 고객-신규, 기존고객 모두)을 발굴하고 확보하는 것은 가장 큰 도전이자 과제이다. 이 과제를 수행하는 능력은 곧 영업실무자의 경쟁력과 영업성과를 결정하기도 한다. 그리고 이 과제는 매일 같이 수행해야 하는 업무이기도 하다.

가망고객이 많다는 것, 즉 자신이 제안할 상품과 서비스의 가치를 소개하고, 이것에 흥미와 관심을 가질 수 있도록 설득하는 고객이 많다는 것, 그리고 영업의 단계(초기접근부터 계약을 받을 때까지 영업실무자가 수행하는 영업활동의 과학적 흐름)가 자연스레 진행되어 수준(고객의 계약 가능성)이 높은 고객이 많다는 것은 영업실무자에게 엄청난 자신감을 심어 주고, 목표달성의 가능성을 높여 주며, 이익이 남은 거래를 할 수 있는 기회를 준다. 즉, 영업실무자 입장에서 자신이 만나 매출을 올리기 위한 상담을 전개할 수 있는 고객이 있다는 것, 더 나아가 자신을 만나고 싶어 하는 고객이 많다는 것보다 더 큰 즐거운 일은 없을 것이다. 계약과 매출은 행복감과 성취감을 주지만, 다수의 가망고객과 더 많은 영업의 기회는 도전의욕과 열정을 불어넣어 준다.

가망고객은 영업전략 수행(영업활동)의 구체적인 대상이다. 어느 고객에게 어떤 영업활동을 집중할 것인지, 어느 고객에게는 협상(흥정)을 중심으로 영업활동을 전개할 것인지, 어느 고객에게는 서비스를 제공해 지속적인 거래 관계를 유지하게 할 것인지의 전략수행의 대상이 가망고객이자 영업의 기회이다.

지금부터는 가망고객을 발굴하는 방법과 사용할 수 있는 도구에 대해 알아본다. 여기서 강조하는 가망고객 발굴 방법은 당신이 이미 활용하고 있는 방법도 있을 것이다. 중요한 것은 영업목표 달성과 영업전략을 실행할 대상인 가망고객이 충분히 확보되어 있어야 한다는 것이다. 가망고객 스스로 자신을 찾아오기를 기다리는 영업실무자가 되어서는 안 된다. 가끔씩은 고객이 스스로 구매하기 위해 영업실무자를 찾는 경우도 있지만 대부분의 경우 그들은 스스로 영업실무자를 다시 찾아오지 않을 뿐더러 한 번 거래한 영업실무자를 떠나기도 한다. 그들이 떠나는 이유는 그들의 니즈·욕구가 변화한 것도 있지만 그들의 수고(구매처 발굴 비용, 구매비용 절감의 욕구 등)를 영업실무자의 경쟁사와 경쟁자들이 더 효과적으로 만족시켜 주기 때문이기도 하다. 즉, 영업실무자의 경쟁자 또는 경쟁사들은 시장과 고객을 영업실무자인 당신이 접촉할 때까지 가만히 두지 않는다는 것이다. 심지어 당신의 기존고객을 공략해 당신으로부터 그들을 빼앗아 가기도 한다. 때로는 당신도 경쟁사의 고객을 공략해 자사의 고객으로 만드는 노력을 하듯이……. 이렇듯 가망고객 발굴과 영업의 기회 확보는 영업실무자의 중요한 업무이고 능력이다.

지금부터 그 방법들을 하나씩 알아보기로 한다.

1) 기회 발굴과 시장 개척의 의미

영업을 처음 시작하는 영업실무자나 어느 정도 영업에 대한 경험을 가진 영업실무자가 갖고 있는 가장 많은 고민 중 하나는 영업의 기회인 가망고객을 발굴하기 어렵다는 것이다. **"더 많은 가망고객이 있으면 자신의 영업활동을 더 왕성하게 할 수 있을 텐데……. 계약 가능성이 큰 고객이 더 있으면 오늘 수주한 계약서의 이익률이 올라갔을 텐데……. 어떤 방법으로 가망고객을 더 많이 발굴할 수 있을까?"** 등등의 고민을 한다. 이 글을 읽는 당신도 이러한 고민을 하는가? 그렇다면 유능한 영업실무자가 되기 위한 고민을 하고 있는 것이다.

다른 영업실무자가 고객을 많이 확보하고 영업활동에 몰입하는 것이 부러운가? 부러움을 느끼는 것은 당연하다. 그렇다면 당신은 이 책에서 그 방법을 찾을 수 있을 것이다.

또 어렵게 고객을 발굴한 후 전화로 상담 약속을 잡으려 하는데 벌써 다른 경쟁사 혹은 당신의 사내 경쟁자인 다른 영업실무자로부터 이미 구매를 했거나 구매하기로 하였다는 말을 들을 때는 어떤 기분이 드는가? 과연 그들은 어떤 방법으로 가망고객을 많이 확보해 영업에 활용하는 것일까? 그 답은 간단하다. 그들은 지속적으로 그리고 정기적으로 여러 가지 방법과 채널, 수단을 동원해 가망고객 발굴을 한다는 것이다. 그들은 자신만의 독특한 방법을 갖고 있을 수도 있다.

당신 주위에 이러한 영업실무자가 있다면 그에게서 그 방법을 배우도록 하라. 가망고객을 발굴하는 3가지 원칙이 있다. 1) 먼저 발견하고, 2) 먼저 접근하고, 3) 먼저 계약을 받는 것이다.

영업의 기회를 제공해 주는 가망고객을 많이 확보하는 것이 영업 목표 달성의 첫 출발이 된다. 여기서 영업의 기회 확보와 가망 고객은 항상 신규고객만을 의미하지 않는다. 가능하다면 기존고객에게서 영업의 기회(추가판매, 확대판매, 상승판매, 추천받기 등)를 찾는 것이 훨씬 수월하고 비용도 적게 들어간다. 이러한 이유 때문에 기존고객 관리를 한다는 전략으로 기존거래의 유지에만 신경을 집중하느라 새로운 영업의 기회(신규고객 발굴, 신규시장 개척)를 놓쳐서도 안 된다. 이유는 기존고객이 당신의 영업목표 중 100%를 책임지지 않을 것이기 때문이다. 하지만 그들을 소홀하게 관리해서는 더더욱 안 된다. 기존고객의 관리 방법과 영업기회(확대판매, 추가판매, 상승판매, 교차판매)는 다음 시리즈3에서 알아볼 것이다.

기존고객의 추가 영업기회 발굴이든, 신규고객 발굴, 신규거래처 발굴, 신규시장 개척을 위해서 영업실무자가 우선적으로 알아야 하는 가장 기본적인 방법에 대해 알아볼 것이다. 다음으로 그 지식을 이용한 가망고객 발굴의 방법에 대해서 알아볼 것이다.

2) 기회 발굴과 시장 개척 방법

(1) 가치 중심

가치 중심의 기회 발굴은 영업실무자가 시장 개척과 고객 발굴을 위해 가장 많이 활용해야 하는 기본적이며 핵심적인 방법이다. 기본적인 방법인 이유는 영업실무자가 가진 상품・서비스의 지식(상품과 서비스의 가치)이 이 방법에 적용되는 것이고, 핵심적인 방법이 되는 이유는 고객의 구매가 이 상품과 서비스의 가치에 의해서 이루어지기 때문이다.

시리즈 1 『B2C영업의 기초』에서 영업이 이루어지는 이유는 "영업실무자의 화술 때문도 아니고 고객의 구매력 때문도 아니다"라는 것을 강조했다. 그리고 상품의 품질과 기능이 아무리 우수하고 독특한 디자인이라고 하더라도 고객의 요구와 필요를 채워 주지 못하는 제품이라면 고객은 외면한다고도 하였다. 따라서 영업에서 매출이 일어나는, 즉 고객이 구매하는 이유는 "영업실무자가 제안하는 상품과 서비스의 가치가 고객들의 필요와 욕구를 채워 주는 데 가장 적합한 선택안이기 때문에 고객이 구매하는 것이다"라는 것을 강조하였다. 이러한 이유로 영업실무자가 제안하는 상품과 서비스의 가치가 개별 고객에게는 가치(고객의 문제해결, 욕구충족이 가능하므로)가 있어야 하고, 고객이 그 가치에 대해 확신을 가져 구매함으로써 새로운 영업성과(매출)가 발생하는 것이다. 따라서 가치 중심의 고객 발굴은 영업실무자의 제품과 서비스가 제공하는 이익과 가치를 원하는 고객을 다른 영업실문자보다 먼저 발견하는 것이다.

이를 위해서는 우선 상품과 서비스의 가치(솔루션)를 개발하여야 한다. 그다음으로 그 가치를 원하는 개인을 찾으면 된다. 어떤 개인고객이 나의 상품과 서비스가 가진 가치를 원할까, 나의 상품과 서비스가 제공하는 문제해결과 편리함 그리고 이익을 원하고 필요로 하는 개인고객은 누구일까, 그 가치를 누린다면 더 큰 이익을 볼 수 있는 개인은 어디에 있을까 등의 질문에 대한 답이 새로운 시장이고 영업의 기회이며 가망고객 발굴의 대상이자 가망고객 발굴의 시작이 된다. 그리고 더 다양한 가치개발을 위해서는 기존고객의 구매 이유와 구매 후 이익을 분석하는 것도 좋은 방법임을 기억하라. 때로는 당신이 모르는 가치 때문에 그들이 구매할 수도 있기 때문이다. 이 가치를 근거로 기존고객의 주변인물들을 가망고객으로 선정하고 공략할 수도 있다. 그들도 당신이 관리하는 기존고객이 누리는 이익을 원할 것이기 때문이다.

상품과 서비스의 가치개발에 대해서는 다음 제2장에서 자세히 알아볼 것이다. 여기서는 이미 개발된 상품과 서비스의 가치를 중심으로 가망고객을 발굴하는 방법에 대해 알아보도록 한다. 다음 <표 1-1>은 노트북(가상의 제품)이라는 상품의 가치개발이다.

<표 1-1> 상품·서비스 솔루션(가치개발)

SPEC	문제해결, 편리함	이익	문제를 가진 고객	이익을 원하는 고객
배터리: 20시간	장시간 사용 외부활동 편리 충전시간 절약	활동성 증가 업무 효율성 증가 시간절약	영업직군 보안업무 수행자 대학생 연구인력 프리랜서 전문직 외부활동이 많은 전문직	연구소 영업직 전문직 변호사 의사 병원 기자 언론사
빔 프로젝트 내장	실시간 제안	현장에서 고객 설득 준비시간 절약		
무게: 1kg 두께: 20mm	휴대용이 가방 공간 활용	활동성 증가 피로감 해소		
지문인식	보안 강화	데이터, 자료 보호		
웹 카메라	동영상 촬영 사진 촬영	화상회의 화상상담 자료수집		

위의 <표 1-1>이 보여 주는 것은 노트북이라는 상품이 가진 가치(SPEC-문제해결/편리함-이익)와 이러한 가치를 원하는 개인 혹은 단체를 정리한 것이다. 이 방법을 사용하기 위해서는 영업실무자는 자

신이 취급하는 상품과 서비스에 대한 가치를 자세히 알고 있어야 한다. 고객들은 그 가치(문제해결과 이익) 중 한두 가지 때문에 구매하기 때문이다. 하지만 영업실무자는 상품과 서비스에 대한 이 가치 전부를 알고 있어야 한다. 이유는 고객에 따라 요구하는 가치가 다를 것이기 때문이다. 일단은 이렇게 가치를 개발한 후 이 가치를 원하는 개인을 중심으로 영업의 기회, 즉 가망고객을 발굴하는 것이 가장 기본적이면서도 중요한 방법이다. 그리고 고객이 영업실무자를 찾거나 매장에 찾아온 경우에도 이 가치를 중심으로 고객의 니즈를 파악하고 고객에 맞춘 상담을 전개할 수 있어야 한다. Out Bound 영업은 상품과 서비스가 가진 가치를 원하는 개인과 조직을 구분해서 자신의 활동지역과 가망고객을 파악한 후 구체적인 타깃으로 고객을 선정하고 그 고객에게 맞는 영업활동을 전개하는 영업활동이다.

앞으로 알아볼 모든 가망고객 발굴 방법의 기초가 되는 지식은 상품과 서비스의 가치이다. 이 말은 상품과 서비스의 가치를 정확하고 다양하게 알아야 더 많은 영업의 기회가 보인다는 것이다. 상품과 서비스의 가치를 모르고서는 누구를 만날지 그들에게 어떤 메시지를 전달해 설득할 것인지를 결정할 수가 없기 때문이다. 즉, 고객과 시장에 대한 정보에서 상품의 가치를 극대화할 수 있는 기회를 파악할 수 없어서는 좋은 영업의 기회를 놓치게 된다.

상품과 서비스의 가치를 모르는 영업실무자는 SPEC을 자랑하는 자기중심의 영업활동 혹은 가격중심의 영업활동을 전개할 수밖에 없다. 그래서 영업실무자는 '말발로 먹고산다', '가격을 깎아주면 고객은 살 것이다'라는 고정관념이 생긴 것이다. 사실 상품과 서비스의 가치는 영업실무자가 생각하는 것보다 훨씬 많다. 고객을 만나기 전 가장 우선적으로 습득하고 기억해서 고객을 발굴하고 고객에게 논리적으로 제안해 고객이 스스로 구매를 하도록 고객을 움직이는 것이 상품과 서비스의 가치이다.

기존고객도 마찬가지이다. 기존고객이 자사의 상품과 서비스를 이용한다고 그 가치(문제해결, 편리함 그리고 이익)를 모두 다 알고 활용한다고 생각하는가? 아마도 아닐 것이다. 그들은 현재의 필요를 채워 주는 가치만 구매한다. 따라서 기존고객에게 그 사실(더 다양한 문제를 해결할 수 있고, 편리함을 준다는 것)을 알려 주면 더 많은 구매로 유도할 수도 있다. 비록 추가구매를 하지 않더라고 자신의 주변에 있는 누군가를 추천해 줄 수도 있다. 또한 기존고객이 자사의 모든 상품과 서비스를 구매하지 않는다. 아이러니한 것은 영업실무자가 알고 있지만 알려주지 않은 상품과 서비스가 제공해 주는 가치를 누리기 위하여 영업실무자의 경쟁자(같은 회사)에게서 몇몇 다른 상품 또는 서비스(영업실무자도 취급하고 있는)를 구매하고 있을 수도 있다. 고객의 구매가 구매비용을 줄이기 위한 전략적인 구매 때문이라면 다른 방법[협상(흥정)의 도구-구매비용을 줄이는 거래 조건]을 준비해야 하겠지만, 상품과 서비스의 가치를 몰라서 영업실무자의 경쟁자 또는 경쟁사와 거래를 한다면 영업의 좋은 기회를 놓치게 되는 것이다. 물론 경쟁사 고객을 자사 고객으로 전환하는 영업을 위해서도 이 상품과 서비스의 가치(솔루션)가 기본적이면서도 핵심적인 역할을 한다.

경쟁 조직이 가진 경쟁력에 비해 판매조건의 유리, 서비스 능력의 차별화, 대고객 대응능력-고객의 문제, 불평처리 능력 등의 차별화된 능력 또한 매우 중요한 영업의 경쟁력이고 고객에게 제공하는 가치가 된다. 이 가치를 필요로 하는 고객과 시장을 경쟁 영업실무자 보다 더 빨리 발견해 접근한다면 새로운 영업의 기회를 확보할 수 있다.

영업실무자들이 활용해야 하는 첫 번째 가망고객 발굴방법은 제품과 서비스가 제공하는 가치, 해결해 주는 문제를 가진 고객을 찾는 것이다.

(2) 정보 중심

영업실무자가 수집하는 정보, 영업실무자가 접하는 정보 중에는 가망고객을 발굴하고 영업의 기회를 확보할 수 있는 기회를 제공해 주는 경우가 많다. 영업실무자는 자신이 접하는 많은 정보들을 활용해 가망고객을 발굴하고 영업의 기회를 확보하기 위해서는 분석적이고 합리적인 기술이 요구된다. 이 방법의 기초 또한 상품과 서비스의 가치이다. 영업실무자에게 정보가 부족해 영업의 기회를 창출하지 못하는 것이 아니다. 정보를 상품과 서비스가 가진 가치와 연결하는 방법을 모르기 때문에 고객 발굴과 영업의 기회 확보에 활용하지 못할 뿐이다.

다음 [그림 1-1]은 우리나라의 미래 트렌드를 정리한 것이다. 이미 사회에 뿌리내린 것도 있고 시작되지 않은 것도 있다. 중요한 것은 이러한 트렌드가 많은 사람에게 새로운 자원(상품과 서비스)을 요구하도록 한다는 것이다. 이러한 트렌드를 창출하는 선도자(B2C고객)든 따라가는 추종자든 이 트렌드에 맞는 라이프스타일 추구를 위해 다양한 상품과 서비스(이러한 트렌드를 자신의 것을 만드는 데 필요한)를 원한다. 영업실무자는 자신이 다루는 상품과 서비스의 가치 중 이 트렌드의 적응에 요구되는 가치를 정리하고 그것을 원하는 고객(개인 또는 단체, 동호회 등)을 영업활동의 대상으로 선정할 수 있을 것이다.

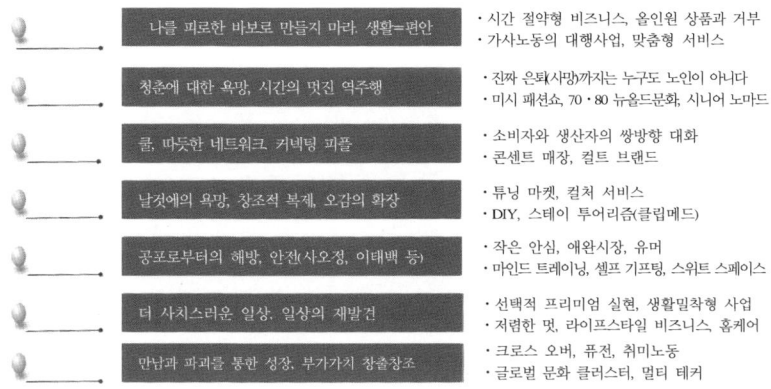

나를 피로한 바보로 만들지 마라, 생활=편안	· 시간 절약형 비즈니스, 올인원 상품과 거부 · 가사노동의 대행사업, 맞춤형 서비스
청춘에 대한 욕망, 시간의 멋진 역주행	· 진짜 은퇴(사망)까지는 누구도 노인이 아니다 · 미시 패션쇼, 70 · 80 뉴올드문화, 시니어 노마드
쿨, 따듯한 네트워크 커넥팅 피플	· 소비자와 생산자의 쌍방향 대화 · 콘셉트 매장, 컬트 브랜드
날것에의 욕망, 창조적 복제, 오감의 확장	· 튜닝 마켓, 컬처 서비스 · DIY, 스테이 투어리즘(클럽메드)
공포로부터의 해방, 안전(사오정, 이태백 등)	· 작은 안심, 애완시장, 유머 · 마인드 트레이닝, 셀프 기프팅, 스위트 스페이스
더 사치스러운 일상, 일상의 재발견	· 선택적 프리미엄 실현, 생활밀착형 사업 · 저렴한 멋, 라이프스타일 비즈니스, 홈케어
만남과 파괴를 통한 성장, 부가가치 창출창조	· 크로스 오버, 퓨전, 취미노동 · 글로벌 문화 클러스터, 멀티 테커

* 대한민국 욕망의 지도 중에서, 김경훈 지음

[그림 1-1] 미래의 트렌드

어떤 트렌드 등 그 트렌드가 시작이 되고 유행이 되려면 다양한 자원을 요구한다. 이 자원의 요구가 영업의 기회가 된다는 것이다. 영업실무자가 자신의 상품과 서비스가 가진 가치를 이러한 트렌드와 연결하면 새로운 영업의 기회를 개발할 수 있을 것이다. 보험상품이든, 의류든, 전자제품이든, 화장품이든 B2C고객을 대상으로 영업활동을 전개하는 영업실무자는 탐구자적인 사고와 창의적인 사고로 사회의 트렌드와 정보를 상품과 서비스의 가치로 연결한다면 더 많은 영업의 기회를 확보할 수 있다.

최근 우리 사회에서 가장 핫(HOT)한 트렌드는 반려동물과 반려꽃 시장이다. 이 트렌드는 인구구조의 변화, 라이프스타일의 변화 등으로 발생하였다. 이 트렌드는 1차 산업인 사료재배에서 병원, 애완견 호텔 등의 3차 산업인 서비스업과 4차 산업인 컨설팅 등의 지식산업을 활성화시키고 있다. 이 트렌드 속에서 이 글을 읽는 영업실무자의 제품과 서비스가 제공해 줄 수 있는 가치를 요구하는 시장, 고객을 연결할 수 있다면 새로운 영업의 기회를 발견할 수 있을 것이다.

이렇게 정보를 통한 가망고객 발굴과 기회 확보를 위해서는 다음의 프로세스로 정보를 분석하도록 하라.

- 정보:
- 가설수립:
    - 가설:
        - 예상고객:
        - 고객의 예상 문제 또는 니즈:
    - 영업기회:
        - 자사의 제품 또는 솔루션:
        - 예상이익:
        - 가망고객:
        - 그들의 니즈, 문제:

[그림 1-2] 정보를 통한 경영기회 발굴

예상고객은 폭넓게 공략할 고객군을 파악하는 것이다. 아래의 가망고객은 현실적으로 영업실무자가 접촉할 수 있는 고객군을 의미한다.

그다음으로 가망고객의 리스트를 준비하고 뒤에서 소개되는 기회평가 방법으로 각 가망고객의 영업 가능성을 판단해 영업활동의 원천으로 결정하면 된다.

(3) 추천을 통한 기회 발굴

고객으로부터 새로운 고객을 추천받는 것은 B2C영업실무자의 종합적인 역량[인간관계 능력과 비즈니스 전문가(고객의 문제해결, 욕구충족)로서의 능력]을 검증받는 것이다. 이 말은 그만큼 고객으로부터 추천을 받기가 어렵다는 것이다. 그리고 기존고객으로부터 추천받은 경우 영업실무자가 개척한 고객보다 훨씬 영업의 성공 가능성이 높다.

어떤 유형의 영업이든 영업실무자는 고객들로부터 추천을 많이 받을 수 있어야 한다. 특히 기존고객과 관계를 돈독히 하는 것은 이 추천을 받기 위한 매우 중요한 영업활동(고객관리)의 목표이기도 하다. 드물기는 하지만 영업실무자가 좋은 관계를 구축한 가망고객이 자신은 구매하지 않더라도 구매 가능성이 있는 누군가를 소개해 주기도 한다. 기존 고객으로부터 더 많은 추천을 원한다면 고객이 원하는 가치를 구매 후에 확실하게 누리도록 도와주는 최선의 방법이다. 영업실무자들은 계약을 받을 때까지의 고객관계를 중요시 여기지만, 고객은 구매 후 영업실무자의 관심과 지원에 따라 영업실무자와의 관계 수준을 결정한다.

최근에는 고객의 순추천지수(Net Promoter Score)라는 지수를 영업과 마케팅에서 고객관리의 중요한 수단과 도구로 활용하고 있다. 이 NPS는 고객의 추천이 영업성과를 결정하고 영업실무자의 역량을 진단하는 데 중요한 지수를 의미하기도 한다. 즉, 고객이 추천해 주는 추천 수를 늘리는 것도 중요하지만 그 추천의 영업 성공률을 높이는 것 또한 매우 중요하다는 것이다. 이 성공률을 올리는 것은 추천의 수준(거래 가능성)이 높아야 하고 이와 더불어 영업실무자의 역량이 우수해야 한다.

영업실무자 입장에서도 기존고객이 추천은 해 주지만 그 고객의 추천이 허수가 되는 일이 비일비재한 상황에서 이 NPS를 높이 유지하는 영업실무자는 그렇지 못한 영업실무자에 비해 영업의 기회를 더 많이 확보하는 것은 명확한 사실이다. 고객의 추천을 받기 위해서는 단순한 고객관리 차원 이상의 인간적인 관계유지와 비즈니스 지원(고객의 구매동기 이상을 만족시켜 주는)이 필요하다. 구체적인 고객관리와 고객의 충성도를 올리는 기법 등 고객관리에 대해서는 다음 시리즈에서 자세히 알아볼 것이다. 여기서는 가망고객 발굴과 영업기회 확보라는 차원에서 추천받는 요령에 대해 알아본다.

① 소개, 추천받기 원칙

　가. 고객 조직 내부에서 추천을 받아라

　　B2C영업의 경우 고객은 조직에서 일하는 경우가 많다. 이러한 고객이 속한 조직 내부의 다른 사람들이 가망고객이 될 수도 있다. 기존고객에게 자신이 얻은 이익을 원하는 조직 내 동료 혹은 상사, 부하직원들을 소개해 달라고 요청하라.

　나. 변화를 창조하라

　　이것을 위해서는 고객이 원하는 이익(고객의 구매 이유)의 수준을 올리고, 다른 다양한 이익(고객이 기대하지 않은)을 누리도록 도와주어야 한다(대부분은 새로운 용도, 추가적인 사용법을 알려 줌). 이러한 이익을 누린 고객은 추천의 가능성이 크다. 그리고 이러한 변화를 목격한 고객의 지인이 추천을 요청할 수도 있다.

　다. 회사 밖에서 찾아 달라고 하라

　　고객의 사회 네트워크를 활용하라. 대부분의 사람은 조직 외부의 다양한 사람들과 연결되는 네트워크가 있다. 이 네트워크를 활용하라.

　라. 같은 제품을 많이 팔아라

　　추가적인 구매를 하도록 자극하라. 고객이 모르는 상품의 기능을 알리고, 서비스의 가치를 제안해 더 많고 다양한 이익을 얻을 수 있음을 강조하라. 그리고 그러한 이익을 원하는 사람 혹은 조직을 알고 있는지 물어라.

마. 기존고객을 대상으로 교차판매를 하라

개인고객이라면 고객이 가진 추가적인 니즈를 개발해 자사의 다른 상품과 서비스를 제안하라. 교차판매를 위해서는 다음의 방법을 활용하라.

- 힌트, 이익, 문제해결 등의 능력을 알려라.
- 자료를 제공하라.
- 예를 보여 줘라.
- 어떻게 상품을 제공하고 어떤 서비스를 제공하는지, 그리고 얻는 이익과 누리는 혜택을 알려라. 그러면 자신이 구매하거나 다른 누군가를 소개해 준다.

바. 고객 서비스 수준을 끌어올려라

영업실무자가 제공하는 서비스 하나하나는 모두 경제적인 가치가 있다. 이 가치를 고객에게 명확히 알리도록 하라. 기대 이상의 서비스를 제공하라. 서비스를 서비스로만 활용하지 마라. 가치있는 서비스를 많이 받는 고객의 추천율이 올라간다.

사. 비즈니스 전문가로서 상담하라

고객은 자신이 추천하는 영업실무자가 자신의 구매목적 달성을 도와주는 전문가로서의 수준이 높아야 기꺼이 다른 고객을 추천해 준다. 무능한 영업실무자에게 자신의 지인을 추천하는 고객은 없다. 때로는 전문가로서 고객의 기대 이상의 가치를 제공하는 것이 필요하다.

아. 경쟁사보다 빨리 고객의 요구를 알아내야 한다

고객의 요구를 신속하게 채워 주는 민감함을 보여라. 때로는 고객이 기대하지 않는, 고객조차도 몰랐던 니즈를 찾아 충족시켜라. 고객은 감동의 선물을 줄 것이다.

자. 고객의 만족의 규모와 수준을 증가시켜라

만족한 고객은 자신이 누리는 만족과 이익을 자신의 지인과 공유하고 싶은 마음이 있다. 고객이 구매하는 근본적인 이유 이상의 가치를 제공하도록 하라.

② 추천받기 기술

가. 당신의 가치를 중심으로 고객들의 추천을 요청하라

- ~한 문제로 고민하는 사람을……
- ~한 혜택이 필요한 사람을 소개해 달라.
- 주변이 ~때문에 불편해 하거나 고민을 하고 있는 지인은 없는가?
- 지금 누리는 가치를 함께 누리고 싶은 사람을 알고 있다면 소개해 달라.

나. 추천받은 고객에 대한 많은 정보를 요구하라

기본적인 정보 외 영업활동에 도움이 되는 정보를 요청하라. 이러한 정보를 제공해 주는 정도에 따라 추천의 수준을 판단할 수도 있다.

다. 직접 소개를 부탁하라

"그럼 지금 그분께 전화로 저를 소개해 주실 수 있나요?"라면서 고객이 영업실무자를 직접 소개하도록 하라. 바로 그

자리에서 추천받은 고객과 통화가 되면 상담의 약속만 잡아라. 그리고 충분히 준비한 후 접촉하라.

라. 추천해 준 고객의 이름 사용을 허락받아라

추천자의 이름을 추천받은 고객을 만날 때 사용해도 괜찮은지 허락을 구하라. 고객의 허락 여부는 추천 수준과 영업성공 여부와 직결한다. 필요하다면 추천의 이유를 문서로 받아라. 중요한 추천장이 된다.

마. 소개받은 사람은 가능한 한 빨리 접촉하라

시간이 지나면 열정이 식는다. 특히 추천자가 영업실무자를 소개해 준 경우에는(전화로 알려 준 경우) 신속한 접촉이 중요하다. 쇠뿔도 단 김에 빼듯이 소개받은 고객이 기억을 할 때 만나야 한다.

바. 소개해 준 고객에게 접촉과 미팅의 결과를 알려라

추천받은 고객과 미팅 후 반드시 그 결과를 알리도록 하라. 그리고 좋은 결과가 있으면 감사의 메시지를 전하라. 때로는 정성이 담긴 선물도 유용한 감사의 표시이다. 필요하면 도움도 요청하라.

사. 추천자와 소개받은 사람과 동맹을 구축하라

공동의 목표를 세우도록 하라. 영업실무자의 고객관리 네트워크에 포함시켜라.

아. 영업실무자 자신의 고객들을 자신의 지원세력으로 모임 혹은 네트워크를 만들어라

그들을 위한 세미나(상품의 사용에 도움이 되는 방법을 알려 주는, 사용의 경험을 공유하는)를 개최하고 그들을 위한

정보를 제공하는 만남을 정기적으로 가져라. 영업실무자가 주도하라. 최근에는 블로그나 카페를 통해 이러한 기회를 가질 수도 있을 것이다.

자. 고객의 수준을 구분하라

모든 고객이 추천해 주지 않고 추천의 수준도 다르다. 고객 관리를 전략적으로 지혜롭게 하라. 모든 고객을 공평하게 관리할 수는 없다. 고객의 수준을 평가할 기준을 마련하고 고객관리를 체계적으로 하라.

차. 당신이 제공하는 혜택을 생각하고 그 혜택을 받은 사람을 활용하라

언제나 도움을 주는 사람이 되라. 지금 고객이 되지 않더라도 가망고객을 소개해 줄 수도 있다. 만나는 한 사람 한 사람에게 최선을 다하라. 판매에만 집중하지 말고 고객의 욕구와 필요를 중심으로 영업활동을 하라.

카. 인간관계를 구축하라

- 당신의 관계는 당신을 위해 무엇을 해 주는지 살펴라. 네트워크를 관리하라.
- 관계를 정리하고 확장하라.
- 인간적인 관계를 돈독히 만들도록 하라.
- 약속을 지키고 고객이 어려울 때 찾는 오아시스가 되라.
- 늘 고객 편이 되고 고객을 보호하라.
- 고객 앞에서 다른 고객의 험담, 단점을 이야기하지 마라.
- 항상 고객의 구매이유 이상을 충족시켜 주어라.

추천은 당신과 현재 거래를 하는 고객만이 해 주는 것이 아니다. 당신이 지금 만나는 사람(기존고객으로부터 추천받은)이 당장 당신의 고객이 되지 않더라도 다른 귀중한 고객을 소개시켜 줄 수도 있다. 영업실무자는 모든 만남을 자신의 비즈니스 기회로 생각하고 최선(인간적 관계형성+거래 이익의 명확한 제안)을 다해야 한다.

그리고 영업실무자 스스로 사회적인 네트워크를 형성할 필요가 있다. 자사의 산업과 고객의 라이프 스타일과 트렌드에 관계된 다양한 외부 전문가 모임과 포럼, 전시회 등에 참석하라. 라이프 스타일과 트렌드의 흐름을 파악할 수 있고 고객과의 상담 시 대화의 주제(고객의 비즈니스와 관련된)를 준비할 수 있다. 이러한 활동을 통해 고객들이 가진 문제와 앞으로의 방향(소비 트렌드, 라이프스타일의 변화-결국은 영업의 기회가 되는)을 예측할 수도 있다. 이 또한 영업의 기회를 확보하는 좋은 계기가 된다.

(4) 진단 툴을 이용한 기회 발굴

영업실무자가 고객을 방문해 상담을 시작한다. 영업실무자는 고객의 마음을 열고자 가벼운 주제로 대화를 시작하고, 자신이 준비한 메시지를 충실하게 전하면서 고객이 상담에 집중하도록 노력한다. 그런데 고객의 상담 몰입도가 점점 떨어진다. 영업실무자의 메시지가 설득력 있게 고객에게 전해지지 않는 것 같다. 더욱이 고객의 니즈를 파악하고자 고객에게 몇몇 질문을 던져도 고객은 시원한 답[영업실무자가 원하는 답(고객의 니즈)]을 하지 않는다. 때로는 기술적인 용어와 이해의 차이가 오해를 불러오기도 한다. 고객은 더 이상 영업실무자의 말에 집중하지 않고 결국 어떤 제품이냐? 카탈로그나 안내자료를 주면 검토 후 필요할 때 연락을 주겠다(!)고 한다.

제안서 또는 카탈로그를 통해 고객은 상품과 서비스의 가치를 제대로 파악할 수 없다는 것을 영업실무자는 잘 알고 있다. 이것을 극복하고 고객이 상담에 집중하도록 하기 위해서는 고객의 니즈를 먼저 파악한 후 그 니즈에 맞는 설명을 하는 것이 필요하다. 이를 위해 영업실무자에게는 시간이 더 필요하다. 하지만 고객은 서서히 상담을 끝내고 싶어 한다. 게다가 일방적으로 진행하는 영업실무자의 상담(SPEC 중심의 설명)으로 고객은 솔루션의 가치와 중요성을 제대로 이해하지 못한다. 참으로 당황스러운 상황이다.

영업경험이 있는 사람이라면 한두 번은 이러한 경험을 하였을 것이고, 현재 영업을 하는 영업실무자라면 늘 경험하는 상황일 것이다. 중요한 것은 고객의 현재 상황과 니즈를 파악하지 못하면 성공적인 상담이 어렵다는 것이다. 이는 곧 다음의 미팅약속을 잡기도 어렵다는 것을 의미한다. 영업은 상품의 가치를 알리는 다양한 도구를 동원해 여러 번 만나는 단계를 거쳐야 하고, 고객을 설득해야 하는 활동이다. 이 때문에 고객과의 첫 만남에서 고객이 영업실무자가 제안하는 상품과 서비스의 가치를 확실하게 이해하고 자신에게 어떠한 이익을 주는지 명확하게 알도록 하여야 한다. 그래야 다음의 영업활동을 자연스레 진행할 수 있다.

고객은 자신의 필요와 욕구를 잘 말하지 않는다. 비록 영업실무자의 제안이 자신이 찾던 상품과 서비스일지라도 때로는 관심이 없는 척한다. 이유는 한 가지이다. 자신들의 구매 비용을 줄이고 더 많은 혜택을 받아내기 위한 목적이다. 이러한 곤란한 상황에서 영업실무자가 고객의 상황을 파악하고 니즈를 끌어내는 방법은 질문지, 설문지,

진단지를 활용하는 것이다. 잘 만들어진 진단지 혹은 설문지는 상담 이상의 가치가 있다. 진단지 혹은 설문지를 읽어 보거나 체크하는 활동에서 고객은 자신의 니즈를 자신도 모르게 표현하거나 예상하지 않은 혹은 자신도 몰랐던 문제를 파악할 수도 있기 때문이다. 더욱 진단지의 수준은 영업실무자가 고객의 업무에 대해 얼마나 잘 알고 있는지의 수준을 알려 주기도 한다.

다음의 <표 1-2>는 필자에게 영업강의를 의뢰하는 조직에게 강의 핵심을 파악하기 위해 활용하는 영업실무자의 역량진단(강의의 포인트)을 하는 것이다. 강의를 의뢰받고 준비할 때 필자와 같은 전문가는 어떤 내용에 집중해야 하는지가 제일 고민거리이다. 때로는 강의를 의뢰하는 교육담당자와 강의에 참석하는 참석자들의 요구가 다른 경우도 많다. 이러한 문제를 해결하고 강의의 핵심을 파악하기 위해 필자가 사용하는 진단 시트이다.

<표 1-2> 영업역량 진단 툴

	평가 - 경쟁사 대비					중요도 - 영업 성과		
	매우 강함	강함	중간	약함	매우 약함	높음	중간	낮음
영업전문가 역량								
1. 전화 성공률								
2. 고객 수준 향상 능력								
3. 약속실행 능력								
4. 목표달성 능력(전략 수립)								
5. 고객성향 파악과 대응								
6. 고객의 신뢰 구축								
7. 내부 지원활용								
8. 설득력, 프레젠테이션								
9. 활동대비 성공률								

항목						
10. 상담 주도 능력						
11. 고객의 니즈 발굴						
12. 위험파악과 대응						
13. 구매 담당자 공략						
14. 협상 실행력						
15. 영업도구 활용과 개발						
16. 마무리 능력						
17. 영업기회 발굴 능력						
18. 상품지식-이익, 문제해결						
19. 인간적인 매력						
20. 자기관리						
21. 비즈니스 지식						
22. 스트레스 관리						
23. 창조력-서비스, 영업도구						
24. 거절, 반대 극복능력						
25. 불만을 영업기회로 전환능력						
26. 문제해결능력						
27. 제안서 작성과 성공률						
28. 시간관리						
29. 팀 영업 수행능력						

기타 요구되는 영업역량: _____

영업실무자는 자신의 상품과 서비스가 제공하는 문제해결, 편리함 그리고 이익 등을 진단지로 만들어 고객의 니즈를 파악하는 도구로 활용하면 좋다. 기존 고객이 자사와 비즈니스를 통해 얻은 이익과 해결한 문제를 파악해 진단항목으로 만들 수도 있다. 진단지를 만들 때는 현재 상황, 원하는 수준, 차이의 발생원인, 원하는 해결방법, 해결방법을 실행하기 위한 도구·수단 등을 기본적인 항목으로 개발하면 된다.

방문영업을 하는 B2C영업실무자에게 유용한 영업도구가 된다.

이렇게 개발한 진단지는 직접 만나 상담하면서 활용할 수도 있고, 이메일 등으로 고객이 스스로 현재 상황을 체크하는 방법으로 활용할 수도 있다. 진단지를 고객이 읽거나 검토를 하는 것 자체만으로도 고객에게 구매의 이익을 인식시킬 수 있기 때문이다.

보험영업이나 금융투자 상품을 영업하는 영업실무자에게 유용한 영업의 도구가 될 수 있다. 그리고 고객이 말을 잘 하지 않을 경우에도 유용하게 활용할 수 있다.

(5) 세일즈 프로모션을 통한 기회 발굴

고객이 자사의 상품과 서비스의 가치를 영업실무자만큼 안다면 어떤 일이 벌어질까?, 고객의 구매 빈도를 늘리고 구매량을 올릴 수 있지 않을까? 그럼 고객은 어떤 가치에 관심을 가질까? 또 그 가치에 관심을 갖는 차원에서 한 단계 더 나아가 경험이나 체험을 통해 그 가치를 자신의 것으로 만들고 싶은 욕구를 갖게 한다면 더 많은 영업의 기회, 매출를 올릴 기회를 확보할 수 있을 것이다.

어떻게 하면 고객에게 그 가치를 제대로 인식하게 하고 구매욕구를 갖게 할 것인가? 이것은 B2C영업 특히 Root영업(채널영업) 활동을 하는 영업실무자가 고민하고 풀어야 하는 과제이다. 즉, 일반 소비자를 대상으로 B2C영업을 하는 방문영업, 채널영업, 프랜차이즈, 대리점 영업실무자들은 이 기술을 통해 자신의 영업목표를 달성하는 영업전략을 구상하고 수행할 수 있어야 한다. 그리고 이러한 능력은 고객(1차 고객으로 대리점 담당자 혹은 유통업체 바이어, MD들)으로부터 더 많은 인정을 받을 수 있는 계기가 될 것이다. 따라서 지금부터는 이를 위한 가장 기본적인 방법에 대해 알아보도록 한다.

세일즈 프로모션은 "자사와 고객(1차 고객-대리점, 유통채널)의 영업활동을 원활히 지원하며 매출액을 증대시키기 위해 2차 고객(최종

사용자, 소비자)을 대상으로 실시하는 광고, 홍보, 판매촉진 및 인적 판매 활동과 관련된 전략"이다. 이 활동을 통해 고객들을 판매장소로 유인하고, 자사의 상품과 서비스를 체험하고 경험하게 함으로써 신규 구매와 반복·확대 구매, 재방문의 기회를 제공하는 것이다.

가. 목적: 세일즈 프로모션 활동은 다음의 목적을 가진다
- 매출 증가
- 새로운 고객 창출
- 고객의 수요, 니즈의 종류, 내용 분석 ➔ 영업전략(다양한 프로모션 전략 수립)에 활용
- 고객의 구매 프로세스 파악 ➔ 영업전략에 활용
- 신제품에 대한 고객 확보 기회 ➔ 샘플 제공 혹은 사용, 체험 등을 통해
- 재구매와 사용의 빈도를 늘리도록 한다. ➔ 충성도를 올린다.
- 추가 구매 유도
- 광고 메시지의 보강, 강화가 가능
- 1차 고객의 거래지원
- 판매조직과 유통채널의 동기부여 등의 목적을 가진다.

나. 세일즈 프로모션 활동이 매출을 올리는 원인
- 상표 전이를 통해서: 타사 소비자의 자사 상품 소비 유도
- 소매상의 경우는 상점의 특성(주요 상품, 고객층 등)을 바꾸기도 한다. ➔ 영업실무자의 전략적인 지원이 필요
- 반복구매가 일어나 매출이 증가한다.
- 구매유도 효과: 구매를 자극하는 효과로 고객(최종 소비자)의

습관을 바꾸도록 유도. 새로운 제품의 사용에 도전감 고취 등
➜ 알려진 제품

- 판촉활용효과: 판촉활동 ➜ 사용경험 강화 ➜ 재구매 ➜ 신제품, 샘플링, 쿠폰 등으로 새로운 소비자 유인
- 구매량을 증대(1+1 등)
- 카테고리 확대(패키지, 번들 제품 등)
- 소비자가 사용하는 상품군, 제품군의 확대를 유도
- 새로운 구매기회 제공 ➜ 장바구니 분석을 통해, 새로운 진열을 통해, 다양한 상품의 동시 판촉행사
- 소비량이나 사용 빈도를 늘림으로 시장 규모를 확대 ➜ 1+1, 보너스 팩, 소매점의 재고관리
- 재구매 시점을 앞당겨 시장을 키움 등

다. 종류: B2C, Root(채널) 영업의 경우 소비자를 대상으로 다음과 같은 세일즈 프로모션 활동을 전개할 수 있다

- 판매촉진
- 광고
- 홍보
- 인적 판매
- 쿠폰
- 마일리지
- 연속 모으기
- 경품
- 퀴즈
- 이메일, DM

- 샘플링
- 보너스 팩
- 모니터링
- 콘테스트
- 시음대회, 체험단 모집
- 가격할인, 시간할인(조조할인 등)
- 환불
- 특별포장
- 서비스-배달 등

라. 유통업체를 대상으로 하는 프로모션 방법

- 이벤트: 밸런타인데이 지원 등
- 유통업체별 판촉행사
- 계절 신상품 기획전
- 구매기준 공제: 특정기간에 특정량 이상을 구매하면 공제 또는 할인
- 청구서를 이용한 공제: 구매량에 제한 없이 특정 기간에 가격할인
- 빌백: 판촉기간에 구매한 모든 단위에 대해 단위당 얼마씩 가격할인을 정해 두고 팔린 단위만큼만 지급
- 덤: 최소 구매량을 정해 두고 그 구매량 이상을 구매하는 경우 상품을 추가로 제공
- 유예기간: 소매상에게 지금 시점에서 판매하고 일정 기간이 지난 후에 대금을 받는 것. 상품은 지금 주고 돈은 나중에 받는다.

- 스피프스: 제조회사의 상품을 보다 많이, 자주 권유하여 팔도록 도·소매점의 판매원들에게 인센티브를 제공하는 것, 판매 직원에게 직접 지불
- 스트리트 머니: 제조사가 소매점에게 판촉비용으로 일시불로 일정 금액을 제공하는 것

고객의 인지와 태도변화 및 구매행동을 유도하는 다양한 세일즈 프로모션의 효과를 정리하면 다음 표와 같다.

〈표 1-3〉 세일즈 프로모션의 효과

기능 방법	상품인지		태도변화			구매행동		
	지명도	이해도	관심도	접촉도	구매의향	시험구매	중점구매	계속구매
샘플링	.	0	0	00	00	0		
모니터링	0	0	0	00	0	0		
데먼스트레이션	.	0	0	0	00	00	0	
전원추첨 프리미엄			.		.	00	00	0
프리미엄 패키지						0	00	0
점두 추첨(당첨) 프리미엄						0	0	00
응모 추첨 프리미엄	0	.	.		.	0	0	0
오픈 콘테스트/프리미엄	00	0	.		.	.		
콘테스트	0	.	.		.	.		
스탬프 플랜					.	0	0	00
쿠폰	.	.	.		0	00	00	00
캐시 백					.	00	0	0
가격 할인			.		.	00	00	00
보너스 팩			.		.	00	0	0
시용형 팩	.	.	.		.	00		
서비스 제도						.	.	00
소비자 회원제도	.	.	.	.	.	0	0	00
전시회	0	0	00	00	0	.		
이벤트	0	.	.		.	.		
견학, 방문 프리미엄	.	0	0	00	00	.	.	.

이러한 프로모션의 목적 달성을 위해서는 고객과 시장 상황에 적합한 효과적인 방법을 선택해야 한다. 세일즈 프로모션에는 큰 비용(경제적, 비경제적)이 투입된다. 이 비용을 이익으로 전환하기 위해서는 효과가 보장되는 세일즈 프로모션을 진행하는 것이 핵심이다. 영업실무자는 이러한 세일즈 프로모션을 독자적으로 자신이 담당하는 지역의 고객(대리점)이 가진 특성에 맞추어 추진할 수 있어야 한다.

따라서 자신이 활동하는 시장과 고객에 맞는 세일즈 프로모션을 성공적으로 수행하기 위해서는 다음의 순서로 프로모션을 기획하기 바란다.

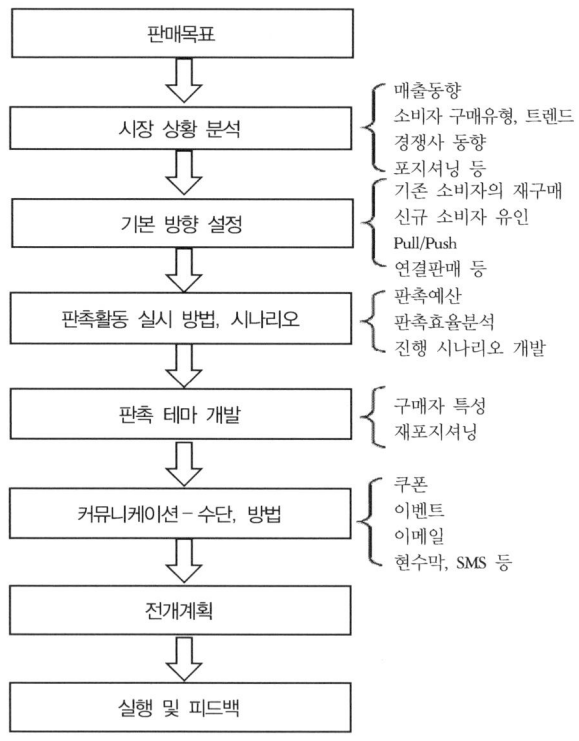

[그림 1-3] 프로모션 기획 프로세스

특히 B2C영업 중 Root(채널) 영업을 하는 영업실무자는 자신이 담당하는 시장의 흐름과 특성 그리고 세일즈 프로모션의 대상인 고객을 분석하는 툴과 도구들을 활용할 수 있어야 한다. 이 툴과 도구를 통해 자신이 담당하는 지역시장과 고객에 적합하고 효과가 보장되는 그리고 투자 대비 성과를 올리는 세일즈 프로모션을 선택할 수 있다.

유통영업, 채널 영업활동을 하는 영업실무자가 갖는 어려움 중 하나가 본사에서 결정한 프로모션의 내용과 방법을 각 고객(유통업체 바이어, MD 등)이 받아들이도록 하는 것이다. 여기서 중요한 것은 본사의 프로모션 전략과 방향은 전체 시장을 대상으로 하거나 주요한 시장과 고객을 주요 타깃으로 정해서 만들어진다는 것이다. 이 전략들을 영업실무자는 자신이 책임지는 지역과 그 지역의 고객에 맞게 응용할 수 있어야 한다. 이러한 능력을 갖추려면 마케팅 전략의 개념 중 STP(시장 세분화, 표적시장 결정, 포지셔닝)를 활용한 포로모션 전략을 수립할 수 있어야 한다. 여기에서는 STP에 대해 간략히 알아본다.

가. 시장 세분화(Segmentation)

시장 세분화는 몇몇 세분화의 기준(인구 통계적, 소득 수준, 성별, 제품의 사용상황, 구매행동 변수 등)으로 제품과 서비스 시장을 구분하는 것이다. 그 방법으로는 다음의 절차를 활용하도록 하라.

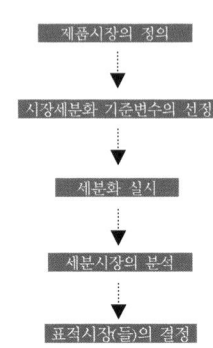

	(1) 개인적 특정변수
제품시장의 정의	① 지리적 변수
↓	대도시, 중소도시, 읍, 면
시장세분화 기준변수의 선정	아파트, 일반주택
↓	② 인구통계적 변수
세분화 실시	나이, 성별, 소득, 가족규모, 직업, 교육수준
↓	③ 사회계층, 라이프스타일, 개성
세분시장의 분석	(2) 제품관련 소비자 특성변수
↓	① 추구하는 편익
표적시장(들)의 결정	② 특정제품(군)의 소비·사용량
	③ 특정제품(군)을 소비·사용하는 사람과 상황
	④ 브랜드 애호도

[그림 1 - 4] 시장 세분화 구조

이러한 방법으로 치약시장에 대한 시장을 세분화해 보면 다음과 같다.

특성변수	산뜻한 맛	하얀 치아	충치예방	저가격
인구통계적 특성	어린이	청소년과 젊은층	대가족	남자
특별한 행동적 특성	스피아민트 향기치약 사용	흡연자	대량사용자	대량사용자
선호상표	Colgate Aim	Aqua-Fresh Ultra Brite	Crest	세일하는 상표
개성	높은 자기관여	사교적	우울한 성격	자율성이 강함
라이프스타일	쾌락적	활동적	보수적	가치지향적

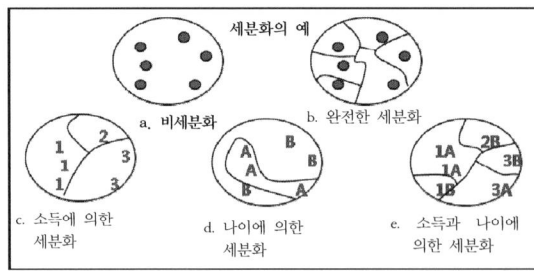

[그림 1 - 5] 세분화 사례

나. 표적시장(Targeting)

세분화된 시장 내에서 세분시장별 매력도(세분시장의 크기와 성장성, 구조적 매력도, 기업의 목표와 가용자원, 접근 용이성을 기준으로)를 비교 분석해 구체적인 공략대상으로서의 시장과 고객을 결정하는 것이 표적시장이다. 표적시장을 선정할 때는 속성, 이미지, 편익, 구매 행동의 패턴 등을 기준으로 한다.

- 속성: 유형제품, 물리적 속성의 집합
- 이미지: 확장제품, 유형제품+다양한 서비스
- 편익: 핵심제품
- 구매행동의 패턴 분석: 소비재, 구매량, 빈도, 구매방법, 욕구(문제해결 내용), 브랜드, 용도[고유용도, 추가・변형용도-식빵(아침, 목판 지우개)]

❖ 표적시장의 매력도 분석
- 세분화 ➜ 매력도 비교 분석 ➜ 집중할 시장 선정
- 세분시장의 매력도 평가
  - 시장의 크기와 성장성
  - 구조적 매력도
    ・ 진입장벽
    ・ 경쟁사 수와 경쟁 수준/스타일
    ・ 대체품의 존재여부
    ・ 고객의 협상(흥정)력
    ・ 공급자의 협상(흥정)력
  - 기업의 목표와 가용자원・보유역량, 무형자산의 역량
  - 세분시장의 접근 용이성, 정보획득 용이성

표적시장의 결정 방법으로는 다음의 3가지 방법이 있다.

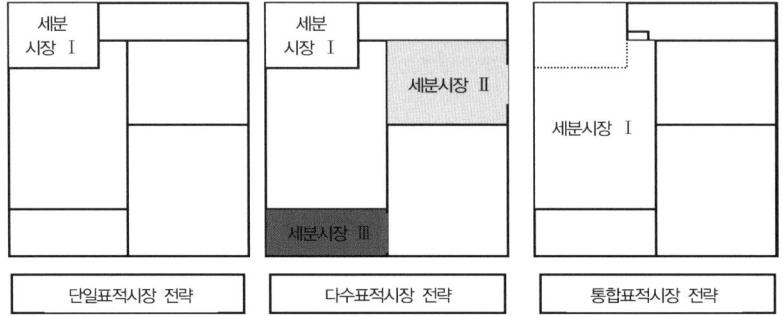

(1) 단일표적시장 전략(Single target market approach)
    가장 적합한 하나의 세분시장을 표적으로 함
    집중적 마케팅 전략(concentrated marketing strategu)
(2) 다수표적시장 전략(Multiple target market approach)
    둘 혹은 그 이상의 세분시장을 표적으로 함
    차별적 마케팅 전략(differentiated marketing strategu)
(3) 통합표적시장 전략(Combined target market approach)
    둘 혹은 그 이상의 세분시장을 통합하여 표적으로 함
    역세분화(countersegmentation strategy) 전략

[그림 1-6] 표적시장 선택

다. 포지셔닝(Positinoing)

시장을 세분화하고 목표고객과 시장을 선정한 후 마지막 단계로 그 시장과 고객들에게 자사의 상품의 가치를 알리고 고객이 기억 속에 자리를 잡는 방법이 포지셔닝이다.

• 제품 포지션: 경쟁브랜드에 비하여 소비자의 마음속에 차지하는 상대적 위치
• 제품 포지셔닝: 어떤 브랜드를 경쟁브랜드에 비하여 차별적으로 받아들일 수 있도록 고객들의 마음속에 위치시키려는 노력을 의

미한다. 이 포지셔닝을 통해 고객이 자사의 상품을 필요할 때 우선적으로 선택을 하도록 하는 것이다.

- 제품 포지셔닝의 유형
  - 소비자 포지셔닝: 속성·편익, 이미지, 사용상황, 사용자 포지셔닝
  - 경쟁자 포지셔닝: 경쟁자에 초점을 둔 포지셔닝
  - 재포지셔닝: 기존의 포지셔닝이 경쟁우위를 잃거나 혹은 기존의 포지셔닝이 기업에서 원하는 방식으로 되어 있지 않는 경우 포지션을 재설정한다.

포지셔닝을 수행하는 절차와 사례로는 다음의 그림을 참고하기 바란다.

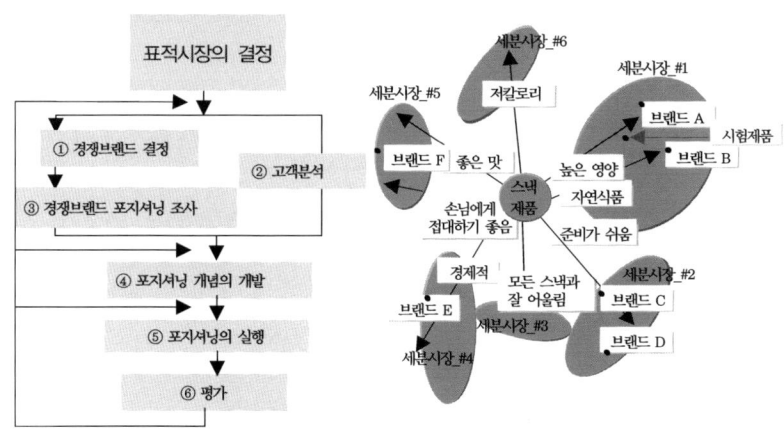

[그림 1-7] 포지셔닝 수립 절차와 사례

- 포지셔닝의 구체적인 유형
  - 제품 속성에 의한 포지셔닝: 제품의 속성이나 편의를 중심으로 볼보자동차-안전함, 튼튼함
  - 사용상황에 의한 포지셔닝: 게토레이, 파워에이드-운동 후 갈증 해소
  - 제품군에 의한 포지셔닝: 도브 비누-건성피부 여성용
  - 제품사용자에 의한 포지셔닝: 타이거 우즈-나이키, 김연아-서울우유
  - 경쟁적 포지셔닝: 2위 광고, 대한생명 2위니까 더 열심히 함

세일즈 프로모션을 통한 영업의 기회 발굴과 가망고객 발굴은 영업실무자가 활동하는 무대를 스스로 확대하는 능력이기도 하다. 즉, 자신의 능력을 보여 줄 연극무대를 선택하고 무대에 올리는 연극(상품)의 시나리오를 쓰는 것과 같다는 말이다. 고객인 관객들이 찾는 가치 있고 효과적인 프로모션 전략으로 많은 가망고객을 확보하기 바란다. 특히 최근의 SNS의 발전으로 시간, 공간, 지역, 비용의 한계를 극복하고 영업실무자 스스로마케팅기법을 활용해 자기만의 프로모션을 활용해 시장과 고객을 확보할 수 있게 되었다.

(6) 사장(死藏)고객의 회생

여기서 사장고객이라 함은 **"자사와 오랫동안 거래를 해 온 고객이 자사와의 거래가 끊어진 고객"**을 의미한다. 과거 거래가 있었던 고객

은 재고객화가 신규고객 발굴보다 쉬울 수도 있고 반대로 어려울 수도 있다. 하지만 대부분 과거 거래 경험이 있다는 것은 장점으로 작용할 가능성이 크다. 자사의 현재 능력으로 해결할 수 없는 요구를 하는 고객이 아닌 한 언제든 다시 거래할 수 있다.

영업실무자는 자사의 과거 고객 분석을 통해 고객을 발굴하는 것도 좋은 방법이다. 이러한 고객과의 재거래를 위해서는 우선 어떠한 이유로 거래가 끊어졌는지를 파악하는 것이 중요하다.

일반적으로 고객이 떠나는 이유는 영업실무자의 관리 소홀, 거래처 담당자의 교체(유통영업의 경우), 거래 조건(가격, 결제, 품질 등)의 협상(흥정) 실패, 고객의 라이프스타일 변화, 고객의 바구니 스타일의 변화, 경쟁 영업사원의 출현-고객의 연고, 자사 경쟁사의 공격 등이다.

고객이 떠난 이유가 무엇인지 분석한 후 자사의 향상된 가치(조직의 거래 조건 경쟁력, 상품의 가치 등)를 바탕으로 대응방법을 개발하라. 특히 과거의 거래 단절이유가 자사의 원인(서비스, 품질, 가격 등)으로 거래가 끊어진 경우는 매우 좋은 기회가 된다. 즉, 고객과 가격 조건이 합의되지 않은 이유로 거래가 끊어진 경우라면 지금 자사의 능력(자금력, 원자절감을 통한 가격조정 가능, 다른 서비스 제공을 통한 가격할인 혜택보전 등)으로 고객의 요구 수준을 맞출 수 있다면 새롭게 구매의 기회를 제안할 수 있을 것이다. 사장고객을 다시 자사의 고객으로 돌아오도록 시도하는 데 아래의 표를 활용하도록 하라.

〈표 1-4〉 사장고객 회생을 통한 영업기회 발굴 시트

거래처:

휴면전실적	항목/연도		년도		년도		년도
	총 매출						
	총 이익						
	주요상품						
	담당자						

휴면이유	1. 니즈의 변화 2. 구매계획의 변화 3. 경쟁사 선호
	4. 대체재 선택 5. 거래조건의 변화 6. 서비스 불만
	7. 클레임 처리 미속 8. 경기상황의 변화 9. 트렌드 변화
	10. 고객관리 실패 11. 니즈 수준-라이프스타일의 향상 등
	기타이유	

발굴가능성: 유/무(이유:)

구체적인 발굴 전략	발굴상품:		목표매출:		목표이익:		
	담당자:		담당자선임 이유:				
	행동계획		기한	방문 횟수	구체적인 방법	결과	
		1단계					
		2단계					
		3단계					

(7) 차별화를 통한 기회 발굴 - 경쟁사 고객의 유인

영업실무자가 수년 동안 경쟁사와 거래하고 있는 고객을 자사의 고객으로 유치한다는 것은 큰 도전이고 큰 성취감을 준다. 가망고객이 경쟁사와 거래한다는 것은 일단 자사의 상품으로 대체구매가 가능하다는 확고한 고객의 니즈를 확인하는 것이다.

여기서 영업실무자가 준비하고 분석할 것은 **고객이 자사 대신에 경쟁사와 거래하는 이유**를 찾는 것이다. 품질의 문제인지, 영업실무자의 접근이 없어서인지, 거래 조건의 문제인지, 인간관계적인 원인인지를 파악하는 것이 중요하다. 그리고 그 고객이 경쟁사와 거래하면서 느끼는 부담감과 추가로 지출되는 비용들이 있는지 파악한다. 인간관계(특별한 친인척 관계 등)에 기반을 둔 원인이라면 조금은 한계가 있지만 비즈니스적인 원인(가격, 서비스 등의 거래 조건, 품질·기술적인 상품문제)이라면 얼마든지 도전할 가치가 있는 것이다. 다음의 <표1-5>를 활용해 영업의 활동량을 증가시키고 목표를 달성하기 바란다.

경쟁사와 차별화된 이익과 가치를 제공하는 솔루션으로 공략하면 영업의 기회를 발견할 수 있을 것이다. B2C고객들은 특정 제품을 반복적으로 구매하는 것과 기존 제품의 수정 재구매 혹은 새로운 제품의 신규구매를 하는 것이 구매유형이다.

아래의 표를 기반으로 경쟁사와 거래하는 고객을 분석하고 고객을 자신의 고객으로 유치하는 영업전략을 펼치도록 하라.

〈표 1-5〉 경쟁사 고객 공략 시트

고객 선정	고객 니즈 라이프스타일 구매량 구매 스타일 관여도 수준	비즈니스 가치 - 거래지속성 - 거래규모 - 거래안정성 - 이익/가치 - 고객의 발전가능성 =광고탑 =맞춤 =표준

현재 비즈니스 (경쟁사)	상품: 혜택: 거래지속기간: 거래조건: 불평/불만사항: 기타 비즈니스 이유:	
가능성 분석	경쟁사 강점	경쟁사의 약점
	자사의 강점	자사의 약점
자사의 역량-차 별화와 이익	조직-거래조건	상품-솔루션
영업전략/전술	전략	전술-구체적 영업활동계획

(8) 기존고객의 기회 발굴

기존고객을 통한 새로운 영업의 기회는 영업실무자가 가장 집중해야 하는 영업기회 발굴 방법이다. 기존고객은 자사와의 비즈니스를 하고 있기 때문에 거래하는 것의 이점(구매 용이성, 구매비용절감, 사용지원, 교육지원, 거래 조건, 상품의 습관화 등)을 잘 알고 있다. 자사 또한 새로운 고객을 유치하는 것보다는 기존고객과의 거래 확대 또는 거래 유지에 더 적은 영업비용이 소요됨을 알고 있다(마케팅 관점에서는 1/6의 비용이 덜 든다). 따라서 기존고객과의 비즈니스 기회를 확대하는 것은 많은 장점이 있다.

영업실무자는 기존고객의 다양한 정보, 트렌드 흐름 등을 파악하고 기존고객의 새로운 영업의 기회를 찾을 수 있어야 한다.

기존고객을 통한 더 많은 영업의 기회 발굴을 위해서는 고객관리에 철저해야 한다. 가장 좋은 방법은 구매 후 고객관리를 철저하게 해 고객이 상품의 가치를 지속적으로 경험하도록 지원하는 것이다. 고객과의 관계수준은 계약 후에 고객이 결정한다. 어떠한 경우든 고객이 자신과 자사를 떠나가게 해서는 안 된다. 이 기존고객의 관리수준이 곧 고객의 충성도와 연결된다. 따라서 기존고객 관리가 중요한 만큼 별도의 시리즈에서 고객관리에 대해 좀 더 자세히 알아보도록 한다.

3) 기회평가

위의 여러 가지 방법으로 가망고객을 발굴하였으면 이제는 이 가망고객들을 공략하기 위한 전술(집중전략-공략의 우선순위)의 하나로 가망고객의 수준과 거래가능성을 결정하여야 한다. 영업실무자가 가진 시간과 자원의 한계를 극복하고 영업의 효율을 향상시키기 위해서는 전략적인 영업활동이 필요하다는 것을 강조하였다.

위에서 발굴한 가망고객 모두가 자신의 고객이 되기는 힘들다. 그리고 공략할 우선순위도 다르다. 따라서 발굴된 가망고객 중 자사와 영업실무자 자신의 자원과 에너지를 집중해 공략할 고객을 선택하여야 한다. 그 방법으로 다음의 시트로 그 우선순위를 평가하도록 하라.

〈표 1-6〉 가망고객 공략 우선순위 평가 시트

다음의 11개 항목을 중심으로 가망고객을 평가하라(10점 만점).

고객 \ 기준				
1. 장래가치(거래확대가능성)				
2. 거래 지속성				
3. 거래 안전성				
4. 니즈 긴급성				
5. 고객의 구매력				
6. 경쟁 정도				
7. 경쟁사에 대한 고객의 선호도				
8. 경쟁사에 대한 자사의 대응력				
9. 고객의 변화성향				
10. 자사 상품의 대체 가능성				
11. 예상 구매빈도/양				
점수				

위 분석표에서 6, 7, 9, 10번 항목은 자사의 영업활동에 부정적인 요인이다. 고객을 두고 벌어지는 영업의 경쟁 정도가 심각하다면 10점을 주면 된다. 고객이 가진 경쟁사에 대한 이미지가 자사보다 우호적이라면 높은 점수를 주고, 고객이 구매처와 상품의 변경과 변화를 꺼리지 않는 변화 성향이 강하다면 높은 점수를 주라. 고객의 변화 성향이 강하다는 것은 자사 고객이 될 가능성도 크지만 경쟁사로 쉽게 이동할 가능성도 크다는 것을 의미한다. 물론 반대의 경우도 있다. 이러한 고객은 고객관리라는 전술로 고객의 변화성향을 무디게 하는 것이 좋을 것이다. 마지막으로 자사제품의 대체 가능성 (강력한 경쟁제품이 있는 경우)이 큰 것도 영업에 불리한 영향을 미친다. 이 4가지 요인들은 영업활동에 부정적인 영향을 준다. 따라서 이 항목들에 대한 결과는 긍정적인 요인들의 점수에서 차감하여야 한다.

결과 분석은
A: 1+2+3+4+5+7+11= (   )점
B: 6+7+9+10   = (   )점
종합: A–B   = (   )점

높은 점수를 받은 고객을 우선 공략 대상으로 선정해 영업활동을 기획하라.

위의 가망고객의 수준을 평가하는 항목 중 B항의 경우에 자사의 영업에 유리한 영향을 줄 때도 있다. 영업실무자가 공략하려는 고객이 기존의 경쟁사 고객이거나 경쟁제품을 사용하고 있는 경우 위의 설명을 반대로 해석하면 영업의 기회에 긍정적인 영향을 미친다.

따라서 위의 평가 항목들을 고객과 상황에 맞게 적절하게 활용한다면 영업실무자로서 가망고객 발굴에 경쟁력을 갖출 수 있을 것이다.

모든 기회가 동등한 가치를 지니지는 않는다. 적절한 평가기준을 중심으로 발굴한 기회를 평가하고 집중할 고객을 선정하는 것이 중요하다.

요약
정리

1. 영업의 기회는 영업실무자가 생각하는 것보다 훨씬 많다.

2. 영업 기회의 발굴은 또 다른 영업실무자의 능력이다.

3. 가치개발의 수준(제품의 지식수준)이 높을수록 영업기회 발굴의
   가능성이 크다.

4. 영업의 기회 발굴도 전략적인 접근법이 요구된다.

5. 항상 조직 내·외부, 산업의 흐름, 소비자 트렌드 등에 대한 정보에
   민감하고 이 정보를 영업기회의 발굴에 활용할 수 있어야 한다.

6. 때로는 고객이 스스로 찾아오도록 하는 간접적인 기회 발굴의
   방법을 개발하도록 하라.

제2장
거부할 수 없는 가치를 개발하고 제안하라(가치개발과 고객의 니즈)

고객들이 상품과 서비스를 구매하는 이유는 뭘까? 어떻게 하면 고객에게 자신의 상품과 서비스에 대한 흥미를 유발하고 구매의 필요성을 끌어내고, 소유의 욕구를 자극할 수 있을까? 어떤 메시지가 고객의 마음을 움직여 구매결정을 하도록 하는가? 이러한 의문에 대한 답은 모든 영업실무자가 원하는 성과를 올리는 데 핵심이 된다. 영업실무자인 김혜란도 이 고민에 빠졌다. 김혜란은 자신은 고객에게 제안하는 상품에 대해 누구보다도 더 잘 알고 있다고 자부하고 있는데, 정작 고객을 만나 상담을 전개하면 늘 고객의 거절과 거부에 부딪힌다. 때로는 처음부터 고객의 흥미를 끌어내지 못하고 상담이 일찍 끝나는 경우도 있다. 오늘도 고객 최기동을 만나 상담 중이다.

김혜란: 저희 제품은 ~한 특성과 기술적인 우위가 있습니다. 경쟁사 제품보다 월등해서 구매하셔도 후회하시지 않을 것입니다.

고객: 그래요? 다들 그렇게 말은 하지만 실제 사용하면 그렇지 않은 경우가 대부분이더라고요.

김혜란: 무슨 말씀을……. 자, 이 자료를 보세요 여기에 보시면 ~한

증명서와 특허가 있잖아요. 이 정도면 충분할 것입니다.

고객: ……

김혜란: 그리고 저희 제품은 신소재로 만들었습니다. 그래서 많은 고객이 좋아합니다. 특히 ~기능은 새로운 기술을 접목한 것으로…….

고객: 다 좋은데, 그래서 제가 왜 무엇을 위해 사야 하는가요? 그렇게 복잡한 전문용어에는 관심이 없습니다. 이해도 안 되고……

김혜란: 그게 아니라 저희 제품 원료는 천연소재로…….

고객: 그럼, 자료를 두고 가세요. 시간이 될 때 검토해 보도록 하지요. 그럼 이만…….

이처럼 관심 없다는 듯한 고객의 마무리 멘트는 늘 당하는 경험이라 김혜란은 그러려니 하고 상담을 마무리한다. 중요한 것은 이러한 고객으로부터 전화가 걸려오거나 다시 만나 상담할 기회가 생기지 않는다는 것이다. 얼마 후 김혜란은 최기동 고객에게 전화를 건다. 인사를 하고 지난번의 자료를 검토했는지 질문하자 고객은 "아, 그 제품 말입니까? 이미 구매했는데요. 당신 회사의 다른 영업사원에게서 며칠 전에 구매했습니다" 하면서 좋은 제품이라고 칭찬하는 것이 아닌가? 전화를 끊은 김혜란은 머리가 멍해진다. 도대체 무엇이 잘못된 것이란 말인가? 왜 같은 제품을 자신에게 사지 않고 다른 영업실무자에게 산 것일까?도대체 고객은 무슨 이유로 그 영업실무자에게서 구매한 것일까? 어떤 메시지를 던져야 고객은 흥미를 갖고 구매하고 싶은 욕구를 가질까? 김혜란의 실수는 무엇인가?

1. 가치개발(상품지식)의 이해

고객이 상품과 서비스를 구매하는 이유는 뭘까? 왜 특정 브랜드의 제품을 선호할까? 어떻게 하면 고객이 영업실무자가 제안하는 상품과 서비스 차별성을 인정하고 구매하도록 할 것인가? 영업실무자는 늘 이러한 고민을 한다. 이번 장에서는 고객이 거부할 수 없는 상품 서비스의 가치개발에 대해 알아본다. 물론 고객의 니즈에 대해서도 함께 알아볼 것이다.

가치개발은 **"고객이 가진 구매의 필요성(업무와 혹은 생활의 어려움, 불편함과 문제해결 목표달성, 이미지 강화와 자신의 정체감 충족 등)을 채워 주고 고객이 원하는 이익을 제공할 수 있는 영업실무자가 속한 조직의 종합적인 역량(상품의 가치와 조직 경쟁력, 영업실무자 개인)이 논리적으로 구성된 지식"**이다. 따라서 영업실무자의 제안이 고객이 가진 구매의 필요성을 채우고 불편함과 문제를 해결하는 데 최선의 선택안이 되어야 고객은 구체적인 구매의사결정 프로세스를 가동한다. 이를 위해서 영업실무자는 상품과 서비스의 SPEC을 일방적으로 설명하거나 자랑하는 상품 중심영업에서 벗어나, 고객의 니즈를 충족시켜 주는 가치 중심의 메시지를 준비해 고객과의 상담에서 제안하여야 한다. 이 말은 어떠한 상황에서든 고객과 커뮤니케이션을 할 때는 항상 고객이 구매 후 그 결과로서 고객이 누리는 편리함과 이익 등이 모든 메시지의 중심이 되어야 한다는 것이다.

대부분 영업실무자가 하는 업무는 고객의 흥미를 유발하고 구매결정을 하도록 설득하는 것이다. 이 설득과 설득의 방법에 대해서는 시리즈 1에서 알아보았다. 영업실무자가 고객을 설득하는 데 사용하는 고객 설득의 무기 중 하나가 바로 가치개발이다. 이 장에서는 조직의 경쟁력, 제품과 서비스의 지식 그리고 영업실무자의 능력(고객에게 추가적인 가치를 제공해 줄 수 있는 영업실무자의 개인적인 능력)으로 고객의 흥미를 끌어내고 구매결정을 자극하는 메시지를 가치개발로 표현한다. 영업실무자가 고객을 설득하는 데 어려움을 겪는 가장 중요한 원인은 고객의 니즈에 대한 이해 부족과 설득의 무기인 가치개발을 충분히 준비하지 않았기 때문이다. 그리고 고객의 니즈와 가치개발(제품지식 등)은 불가분의 관계에 있다. 물론 고객의 구매 타이밍을 맞추지 못한 때문이기도 하다.

많은 영업실무자가 가치개발(제품지식)에 대해서 다음과 같은 오해를 하고 있다.

① 나는 고객을 설득할 충분한 설득의 무기가 없다. 여기서 영업실무자들이 생각하는 설득의 무기는 가격을 깎아 주는 권한, 추가 서비스를 제공하는 것을 의미한다. 설득의 무기는 이러한 것이 아니다. 설득의 무기는 고객의 동기와 상품/서비스의 가치이다.

② 고객을 설득하려면 무언가 다른 것(선물, 접대 등)을 제공하여야 한다. 필요하다면 가격을 깎아 주어야 한다.

③ 때로는 책임질 수 없거나 지키기 어렵거나 불가능한 약속을 해서라도 고객을 설득하여야 한다.

④ 회사는 고객을 설득할 충분한 가치개발을 도와주지 않는다.

⑤ 니즈와 가치개발은 별개의 것이다. 상품 SPEC의 우수함을 알리는 것이 우선이다. 그러면 고객이 알아서 해석할 것이다.

⑥ 모든 Spec를 알리면 고객이 알아서 자신에게 필요한 것을 이해를 하고 구매결정을 할 것이다.

⑦ 가치개발은 가치개발로 끝난다. 결국은 고객을 밀어붙여야 한다.

⑧ 상품·서비스의 SPEC을 빠짐없이 잘 설명하는 것이 영업사원의 역할이고 제품지식이다.

⑨ 내가 자세히 설명하지 않아도 고객이 알아서 이해할 것이다.

영업실무자기 고객의 흥미를 유발하고, 구매를 위한 고민을 하도록 하기 위해서는 가치개발에 대한 완벽한 지식을 갖추어야 한다. 영업실무자가 조직과 제품, 서비스 그리고 자신의 개인적인 역량을 고객에게 전달하는 가치에 대한 확신이 없이는 고객과의 상담을 성공적으로 할 수 없기 때문이다.

따라서 잘 준비된 가치개발의 가치는 다음과 같다.

• 고객이 스스로 구매하도록 한다. 더불어 거래의 조건이 좋아진다.

• 영업실무자를 고객이 자신의 비즈니스 파트너 혹은 스타일의 파트너로 인식하게 한다.

• 고객이 영업실무자를 만나야 하는 필요성을 인식시켜 준다.

• 고객의 흥미를 유발하고, 고민을 하도록 할 수 있다. 그래서 고객을 다시 만날 수 있는 기회를 확보할 수 있다.

• 자신 있고 당당한 영업활동을 할 수 있다.

• 고객의 거절, 거부, 저항을 극복할 수 있다.

• 새로운 시장과 영업의 기회 그리고 더 많은 가망고객을 발굴할 수 있다.

가치개발은 크게 3가지 종류가 있다. 하나는 **조직의 가치개발**이다. 나머지 둘은 **상품·서비스의 가치개발, 영업실무자 개인의 가치개발**

이다. 영업실무자들이 많이 이야기하는 조직의 경쟁력(시장 점유율 1위, 대기업이다, 글로벌 기업이다)과 제품과 서비스의 SPEC(기능, 성능, 장점 등 객관적인 사실)은 가치개발의 한 요소이다. 고객은 이 기업의 명성이나 제품의 SPEC을 구매하는 것이 아니라, 기업의 명성과 SPEC이 주는 가치(이익과 혜택, 편리함 등)를 구매한다. 이 세 가지의 가치개발에 대해 하나씩 알아보기로 한다.

조직의 가치개발은 조직의 경쟁우위를 말한다. 이 경쟁우위는 대부분 경쟁사보다 나은 자사의 고객대응 능력과 서비스 수준, 이미지, 시장 점유율, 고객과의 거래 조건이 된다. 이 역량으로 고객의 구매비용을 줄여 줄 수 있는 조건, 고객의 구매 절차를 간소화시켜 주는 서비스, 구매의 불안감을 제거해 주는 서비스들이 조직의 가치개발이다. 경쟁사보다 더 나은 거래의 편리함과 유리한 거래 조건 역시 조직의 가치개발에 포함된다. 예로 서비스 시스템이 우수하다. 서비스 기간이 길다. 브랜드 이미지가 좋다. 가까운 곳에서 구매할 수 있다. 구매의 부담을 줄여 주는 다양한 결제방법이 있다. 기술특허, 기술혁신 등이 조직 가치개발 중 조직의 SPEC이다. 이 조직의 SPEC은 고객의 구매비용(가격, 결제, 배송 및 설치 유연성 등)을 줄여 준다. 따라서 대부분의 조직이 가진 가치개발은 영업의 설득무기이기도 하지만 협상(흥정)의 설득무기가 된다.

영업실무자의 가치개발은 영업실무자가 개인적으로 가진 개인의 SPEC(지식, 경험, 경력, 전문성 등)이 고객에게 주는 이익과 혜택이다. 이 SPEC은 영업실무자 개인의 경쟁력이 되기도 한다. 이 능력을 강화시키기 위해 많은 영업실무자는 학위를 받거나, 자격증은 취득하거나 교육훈련을 받는다. 고객의 비즈니스와 고객의 업무를 도와주고 지원이 가능한 다양한 개인적인 업무 역량을 갖춘 영업실무자는 고객의 환영을 받는다. 영업실무자로써 가치는 높이고자 한다면 전문지식을 쌓거나 고객의 라이프스타일과 고객의 비즈니스에서 인정받는 자격증을 취득하라. 영업실무자가 만나 상담하는 고객의 일 또는 라이프스타일에 관한 공부를 하도록 하라. 그것만으로도 고객은 영업실무자에 대한 신뢰를 한 단계 올릴 것이다. 개인의 역량이 크면 클수록 더 많은 영업의 기회를 확보할 수 있다. B2C영업실무자들은 고객의 다양한 고민과 개인적인 문제에 대해서도 어느 정도는 지원해 줄 수 있는 능력을 갖춰야 한다. 특히 자신의 상품과 서비스에 관련해서는 폭넓은 지식을 쌓는 것이 중요하다.

B2C고객 중에는 자신이 구매하는 상품과 서비스에 대해 전문성이 부족한 경우가 많다. 그러한 고객은 오로지 자신의 필요(주로 사용상의 이익)를 해결하고자 구매한다. 따라서 고객은 자세한 사용법, 관리법, 고장에 대한 해결방법 등등에 대해서는 잘 모른다. 그래서 영업실무자에게 많이 의존한다. 이러한 고객의 궁금증과 불안감 등을 해소할 수 있는 능력을 갖춘 영업실무자라면 어떤 고객으로부터든 존중과 인정을 받을 수 있을 것이다. 자신의 장점을 중심으로 이러한 개인적인 가치를 개발하는 노력을 하도록 하라.

어떤 영업실무자는 다양한 컴퓨터 소프트웨어를 보유하고 있으면서 고객의 요청이 있을 때 이것을 지원해 주면서 자신의 경쟁력을 강화하기도 한다. 고객이 느끼는 생활의 불편함 중 자신의 독특한 능력으로 해결해 줄 수 있음을 고객에게 알리도록 하라.

필자의 지인 중 유능한 자동차 영업사원은 고객이 신차를 구매할 때 대부분의 다른 영업사원은 고객의 기존 차를 매입하는 형태로 고객을 도와주지만, 이 지인은 고객의 기존 차를 더 비싸게 판매할 수 있는 방법을 알려줘 고객의 신뢰를 얻었다고 한다.

상품과 서비스의 가치개발은 지금부터 알아보는 상품과 서비스에 대한 지식이다. 일반적으로 말하는 상품·서비스의 지식인 가치개발은 이 상품과 서비스의 SPEC과 가치(문제해결과 이익)의 논리적인 결합(그리고 사례, 근거자료)을 말한다. 상품과 서비스의 지식을 많은 영업실무자는 SPEC이라고 말들을 한다. 하지만 이는 1단계의 상품지식이다. 이 SPEC에 구매의 이익(고객이 얻는 이익과 문제해결 그리고 그 근거와 사례 등)이 결합한 것이 가치개발로 2단계의 상품지식이고 고객이 기꺼이 듣기를 원하는 가치이다. 이 상품과 서비스가 가진 가치개발은 고객의 다음의 의문과 질문에 대한 답이 된다.

- 내가 얻을 수 있는 이익은 무엇인가?
- 나의 삶과 라이프스타일에 도움이 되는 것은 무엇인가?
- 이 문제(상황)에 대한 귀사의 해결방안은 무엇인가?
- 왜 내가 당신과 상담해야 하는가?
- 당신은 어떤 목적으로 나를 만나러 왔는가?
- 나의 문제와 고민, 그리고 불편함에 대해 당신은 얼마나 이해하고 또 어떤 도움을 줄 수 있는가?
- 내게 귀중한 시간을 당신과 상담해야 하는 이유는?
- 왜 구매하여야 하는가?
- 어떤 물건인가?
- 왜 내가 기존의 제품을 대체하여야 하는가?

또 하나 상품·서비스의 가치개발이 가진 중요성은 고객으로 하여금 스스로 구매하도록 하는 것이다. 가끔은 회사의 표준 판매조건(이익률 100% 보장)대로 구매해 가는 고객이 있을 것이다. 이는 그 고객에게 상품과 서비스의 가치가 절대적으로 필요하기 때문이다. 영업실무자는 때로는 이런 고객의 구매 필요와 니즈도 모른 채 계약을 받기도 한다.

그리고 잘 준비된·서비스의 가치개발은 고객의 구매에 들어가는 비용을 투자로 전환시켜 준다. 즉, 가치가 가격에 대한 저항을 줄여준다. 이는 매우 중요한 말이다. 고객이 구매에 들어가는 돈을 비용이 아닌 투자로 생각하도록 바꿀 수 있다면 훨씬 유리한 조건으로 거래할 수 있다. 고객이 상품과 서비스를 구매하는 이유는 자신이 가진 여러 가지의 불편함, 기대하는 편리함, 구매를 통해서 채우고자 하는 심리적인 이익 등이다. 특히 B2C고객의 경우에는 이러한 욕구가 개인적이기 때문에 굉장히 다양하다. 영업실무자는 이러한 고객의 다양한 욕구를 파악한 후 자신의 상품과 서비스의 가치를 이 욕구에 맞도록 제안할 수 있어야 한다.

가치를 결정하는 것은 고객이다. 영업실무자가 고객과 상담을 했다는 것이 중요한 것이 아니다. 그리고 얼마나 오랫동안 상담을 했냐는 것 역시 중요하지 않다. 상담 후 고객이 영업실무자와 영업실무자가 제안한 상품과 서비스를 어떻게 기억하는가가 중요하다. 고객의 기억 속에 구매 욕구를 자극하는 가치를 남겨둘 수 있어야 한다.

2. 가치개발(상품, 조직, 영업실무자의 가치)의 구조

영업실무자가 알아야 하는 가치개발의 구조는 상품의 SPEC+Value
(고객의 문제해결, 이익)+Example(증거, 사례, 근거 등)이다. 조직의 가
치든 영업실무자 개인의 가치든 모든 가치는 아래의 구조로 구성된
다. 이제까지 알고 있는 상품·서비스의 SPEC에 Value와 Example이 추
가된다. 이 상품가치, 조직가치, 영업실무자 가치를 그림으로 표현하
면 다음과 같다.

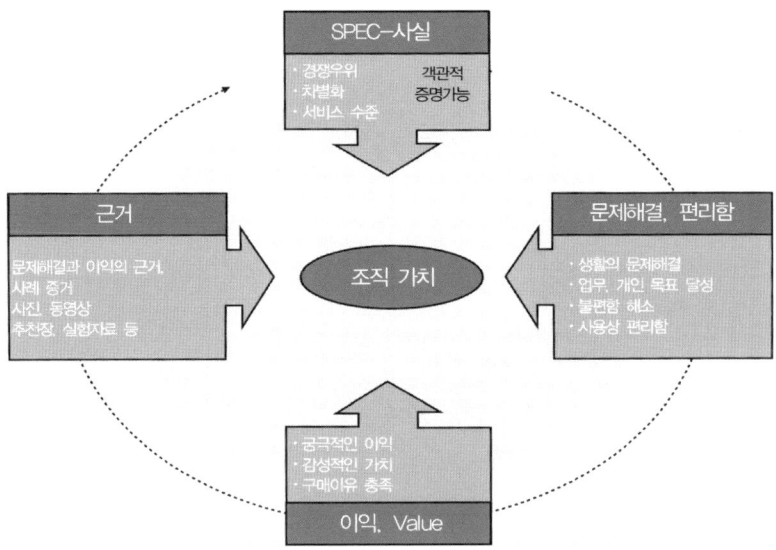

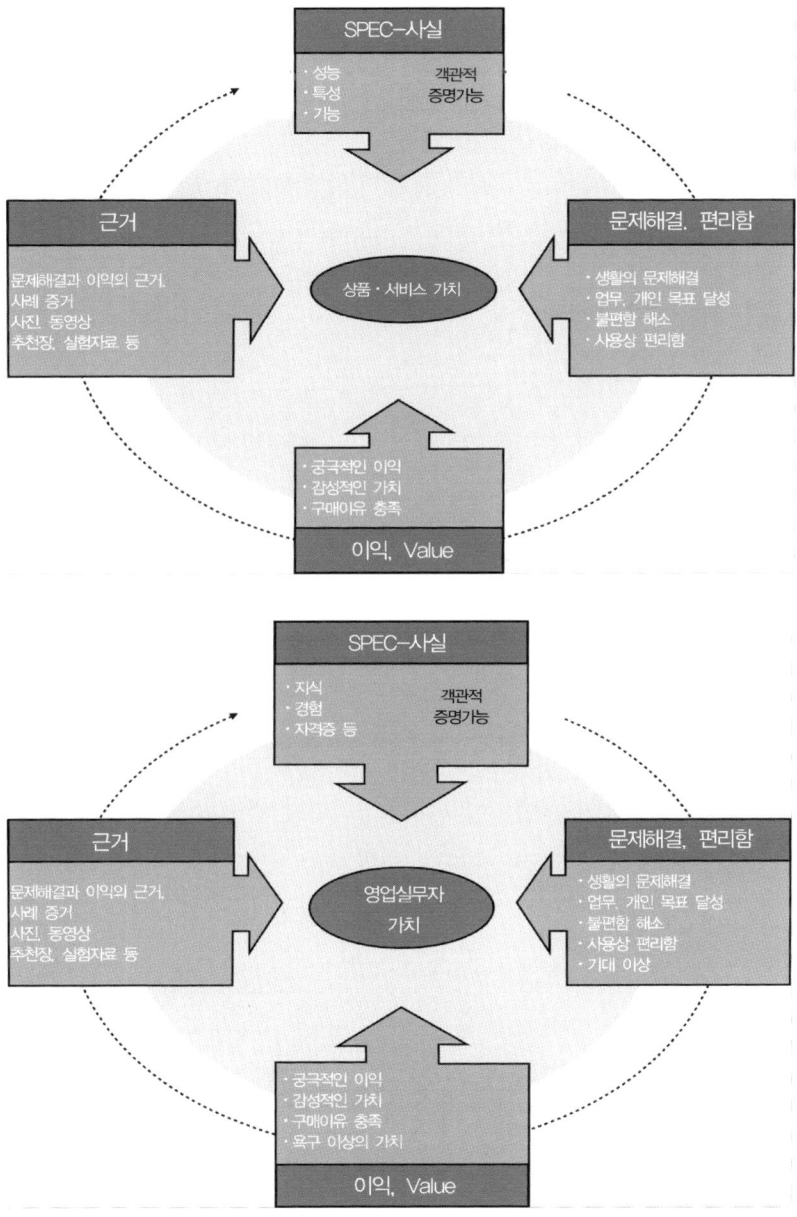

[그림 1-8] 조직, 상품·서비스, 영업실무자 가치개발

위의 그림 3가지가 영업실무자가 개발하고 활용해야 하는 가치개발의 구조들이다. SPEC만을 갖고 고객을 설득하려는 시도는 성급하고 아마추어들이 하는 방법이다. 유능한 영업실무자라면 자신이 취급하는 모든 상품과 서비스가 고객이 어떤 상황에서, 누가 사용을 해야 하고 그 결과로서 어떤 편리함과 이익, 혜택을 누리는지에 대해 완벽하게 알아야 한다. 그리고 필요하다면 자신이 가진 개인적인 전문성 또한 고객과 상담할 때 고객이 그 가치를 인식하도록 도와 주어야 한다. 조직의 가치에 대해서는 더 말하지 않아도 잘 알 것이다.

이 가치를 개발하는 방법은 다음의 [그림 1-9]와 같이 트리·마인드맵을 활용하기도 한다. 하나의 SPEC이 여러 개의 불편함과 문제해결을 할 수도 있고, 여러 개의 SPEC이 하나의 불편함과 문제해결을 할 수도 있다. 다음 그림은 필자의 수업 중 참가자들이 구두라는 상품의 가치를 개발한 것이다.

SPEC: 통풍, 경량화, 향균, 쿠션감, 디자인, 재생원료 등
Value 1: 문제해결, 편리함-시원함, 위생적 등
Value 2: 이익-판매능력 향상, 고객 만족 등
Value 3: 궁극적인 이익-직원의 복지 향상과 업무 효율성 증대

이 가치개발의 고객은 백화점 판매직원을 대상으로 정리한 것이다. 고객이 고속버스 기사 혹은 택시기사라면 SPEC은 그대로이지만 문제해결과 이익의 내용이 조금은 다를 것이다. 물론 사례와 근거 또한 고객에게 맞는 것으로 바뀌어야 할 것이다. 외부 활동이 많은 영업실무자이거나 혹은 강의가 많은 교수이거나 강사라면 또 다를 것이다.

기억해야 하는 중요한 사실은 어떤 고객이든 제품과 서비스의 SPEC
은 변하지 않는다는 것이다. 변하는 것은 고객에 따른 문제, 편리함과
이익이다.

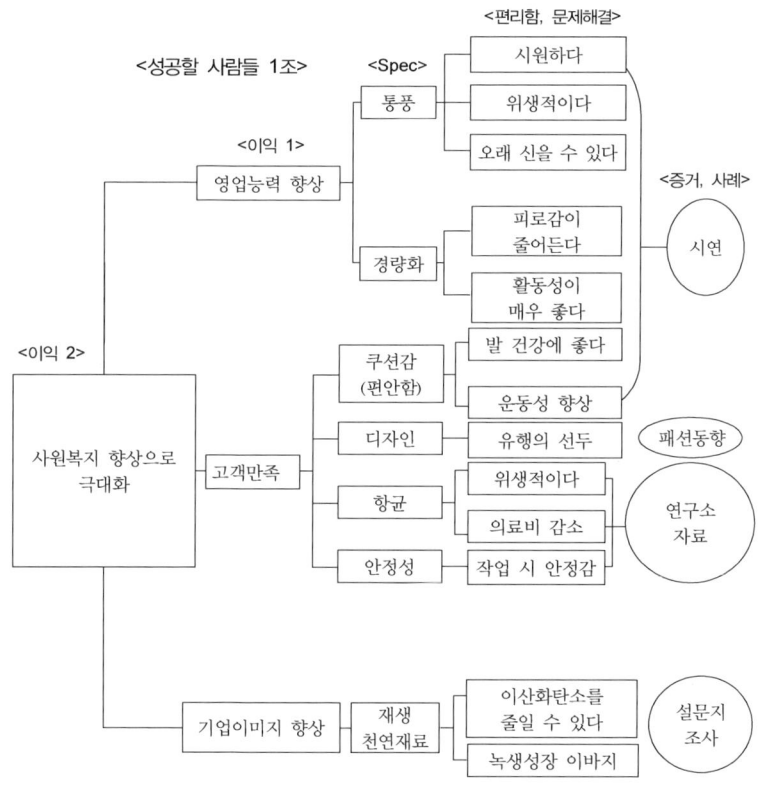

[그림 1-9] 상품·서비스 가치개발 사례

이 가치개발을 영업활동에 적용하는 방법에 대해서는 간단한 사례
를 통해 구체적으로 알아보도록 한다. 아래의 [그림 1-10]은 가상의
노트북에 대한 가치개발들을 무작위로 배열한 것이다. 이 가치개발들
을 영업실무자는 논리적으로 구성해 자신이 만나는 고객에 맞춤식으

할 수 있어야 한다. 또한 이러한 가치개발을 중심으로 영업실무자가 오늘 방문하는 고객의 현재 상황을 근거로 고객의 구매필요와 니즈를 추론하고 가설을 수립해 그 추론과 가설을 확인하는 상담을 전개할 수 있어야 한다. 그리고 이 가치개발 중 하나라도 고객이 필요로 한다면 그 고객은 가망고객이 된다. 물론 고객이 영업실무자의 영업장으로 찾아온 경우에도 우선적으로 가치 중심의 상담을 전개하여야 한다.

[그림 1-10]에 정리 된 가치개발들을 바탕으로 영업실무자는 다른 영업실무자를 만나 그들에게 영업업무용으로 사용하도록 고객을 설득해 판매할 계획이다.

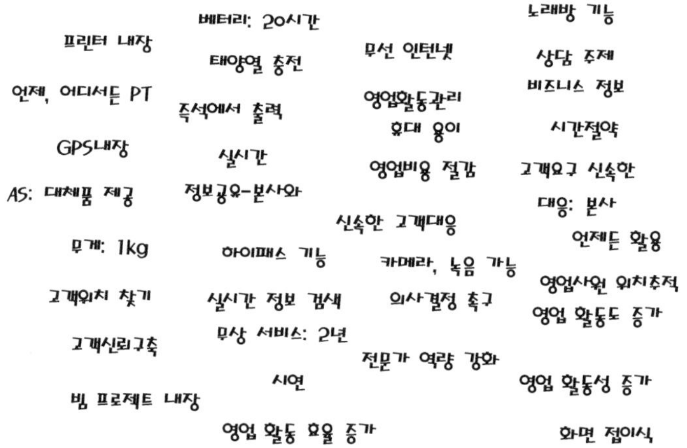

[그림 1-10] 상품·서비스 가치개발-노트북(1)

위 [그림 1-10]의 가치개발 내용을 [그림 1-11]과 같이 논리적인 구조로 만들어 고객을 만나기 전에 고객의 니즈를 추론하거나 가설을 수립할 수 있어야 한다. 왜 고객의 니즈에 대한 가설이고 추론인가 하면 아직 고객을 만나지 않았고, 그래서 고객의 필요인 니즈를 고객의 입으로 말하도록 하지 않았기 때문이다. 따라서 영업실무자가 생각하는 고객의 니즈가 100% 정확하지 않을 수 있기 때문이다. 이 추론과 가설의 진위여부를 확인하는 활동이 영업상담을 이끌어가는 방법 중 하나이다. 어쨌든 아래의 구조로 고객의 필요와 니즈를 추론해 고객의 흥미를 끌 수 있는 가치개발을 만들어야 한다. 이 가치개발을 만들기 위해서는 고객(B2C)이 처한 현실과 상황(영업의 경쟁상황, 고객의 요구, 영업실무자의 목표 등)에 대한 정보를 바탕으로 고객이 해결할 문제와 이익을 논리적으로 추론해 구성하면 된다.

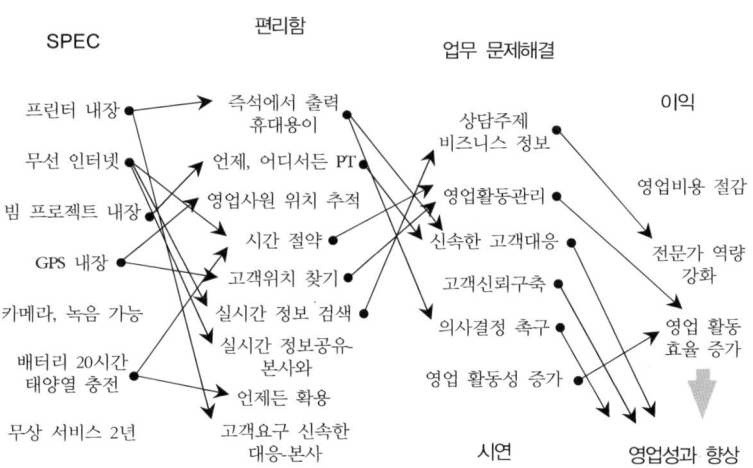

[그림 1-11] 상품·서비스 가치개발-노트북(2)

위와 같은 가치개발 구조를 준비할 정도라면 영업실무자가 고객과 상담할 수 있을 만큼 준비가 되었다고 판단할 수 있다. 이 정도로 준비한 영업실무자는 고객이 "왜 방문하였는가? 어떤 상품인가? 나는 됐다" 등등의 반응으로 거부 혹은 거절을 할 때, 고객의 흥미를 유발(고객이 얻는 이익을 원하지 않는지 묻거나 혹은 해결할 수 있는 문제를 확인)해 상담의 기회를 확보할 수 있다. 즉, 이러한 고객에게는 SPEC 설명보다는 "귀하의 영업활동 효율화를 올리는 방법에 대해 좋은 해결책을 준비해 왔다" 혹은 "귀하의 영업성과 향상을 원하지 않는가? 그 방법을 알려 드리고자……"라고 답하면서 고객의 반응을 유도할 수 있을 것이다. 이러한 상담의 결과로 만일 고객이 노트북을 구매하기로 결정을 한다면 그 이유는 결국 성과 향상을 통한 개인의 경쟁력 개발과 더 많은 수입이 가장 근본적인 이유가 될 것이다.

물론 이 노트북을 교수 혹은 변호사 등을 대상으로 영업활동을 전개한다면 고객에게 맞는 가치로 수정되어야 한다.

이 가치개발은 영업실무자가 영업현장에 투입되기 전 반드시 기억하고 준비해야 하는 영업의 기본이다. 이러한 준비가 안 된 영업실무자를 현장에 투입시켜서는 안 된다. 이유는 과도한 영업비용(동기저하, 고객의 불신과 영업실무자에 대한 부정적 시각, 과도한 재무적인 비용지출, 판매 실패 등)이 소요되기 때문이다.

고객에게 매력적인 제안을 하고, 고객의 거부와 거절을 줄이려면 자사와 자사의 모든 상품과 서비스에 대해 위의 작업을 수행하도록 하라. 창의적이고 창발적인 아이디어가 요구된다. 그리고 기존고객이 성과, 이익을 활용해 위의 가치개발을 완전하게 완성하도록 하라. 기존고객이 자사와의 거래를 통해 해결한 문제와 어려움, 그 결과로서 얻은 이익을 확인하라. 그리고 그에 대한 근거자료와 사례, 추천서 등을 요청하라. 이러한 자료를 확보하는 것이 영업실무자가 기존고객을 관리하는 중요한 이유이고 목표 중 하나이다. 기존고객에 대한 사례가 많을수록 영업실무자의 제안은 논리적이고 설득력이 강화된다. 그리고 고객을 만나 공유할 수 있는 대화(고객의 이익과 관련된) 소재 또한 풍부해지게 된다.

이러한 자료는 기회가 있을 때마다 수집하도록 하라. 우호적이고 신뢰가 바탕이 된 인간관계 구축을 통해 고객에게 자신이 얻은 이익, 혜택, 편리함 등을 추천장 혹은 사용 후기 등의 다양한 방법으로 정리해 달라고 하라. 최근의 정보통신 기술을 바탕으로 영업실무자 자신만의 블로그를 만들어 가치를 고객과 공유하도록 하라. 블로그에 고객들이 자신의 경험담을 올리도록 요청하라. 아주 유용한 고객설득의 무기와 고객관리의 무기가 될 것이다.

상품과 서비스의 가치인 가치개발이 주는 또 하나의 중요한 역할은 영업실무자에게 가망고객의 발굴 기회를 준다는 것이다. 이 방법에 대해서는 제1장에서 강조하였다.

3. 가치개발의 완성

위의 가치개발을 정리하면 아래의 공식이 된다.

고객의 가치=제품·서비스 가치+이미지+관계

=제품 서비스 가치는 앞의 [그림 1-8의] 그림 중 '상품·서비스의 가치' 개발이다.

=이미지는 조직의 경쟁력과 관련이 있다. 기업의 이미지, 브랜드 가치 등이다. 물론 고객이 제품을 구매함으로써 주변 사람들로부터 받는 인정, 시샘도 중요한 이미지에 포함된다.

=관계는 고객과 영업실무자와의 인간관계와 기업의 고객관리 시

스템과 서비스 수준과 시스템 등이 영향을 준다.

고객이 기업과 상품 더 나아가 자신이 거래할 영업점 혹은 영업실무자를 선택할 때는 위의 3가지 요소가 모두 고려된다. 기술이 평준화되고 모든 정보가 공유되는 오늘날의 영업 현실은 단순히 성능이 좋은 제품이라고 고객이 구매하지 않는다. 어쩌면 성능은 이제 기본이 되었고, 평준화되었다고 볼 수 있다. 기업과 상품의 이미지 그리고 고객과의 관계에 대한 이미지와 이익이 고객의 기억 속에 어떻게 형성되어 있는가에 따라 고객은 자신의 주관적인 판단에 따라 행동한다.

영업실무자들은 이러한 고객에게 가치가 있는 제품지식인 가치개발을 명확히 이해한 후 영업활동에 임해야 할 것이다. 자사 혹은 자사 제품의 가치인식이 낮은 고객에게는 이 가치를 강화할 수 있는 다양한 사회적인 근거와 사례들을 준비해 속성이 주는 근본적인 이익 외의 가치를 제안해 고객의 구매욕구를 자극할 수 있어야 한다.

준비된 가치를 고객에게 전달할 때 역시 보다 효과적인 방법으로 제안할 수 있어야 하는데, 이 때 가장 유용하게 활용할 수 있는 것이 스토리텔링이다. 이 스토리텔링에 대해 간단하게 알아보자.

1) 스토리텔링(Storytelling)을 개발하라

고객은 자신이 흥미를 갖고 있거나 구매하려는 상품과 서비스에 대한 사회적인 근거와 구매의 정당성을 제공해 주는 메시지를 원한다. 때로는 영웅적인 이야기(상품 서비스의 성공이야기)를 원한다. 이러한 고객의 욕구를 채워 줄 수 있는 방법 중 하나가 스토리텔링이다.

스토리텔링은 상품과 서비스가 가진 가치를 가장 극적으로 표현하고 고객이 기억하도록 자극하는 장점이 있다.

스토리텔링은 메시지, 갈등요소, 등장인물, 흐름이라는 4가지 요소로 이루어진다.

(1) 메시지(Message): 이익

하나의 스토리에는 메시지가 하나만 담겨 있어야 한다. 영업실무자는 고객의 상황에 맞는 그리고 고객의 니즈에 맞는 사례를 개발할 수 있어야 한다. 메시지가 많으면 오히려 역효과가 날 우려가 있다. 고객의 니즈와 관련없는 메시지를 전하는 영업실무자의 말을 잡담에 지나지 않는다. 이 메시지는 고객이 상품과 서비스를 구매하는 가장 중요한 이익과 혜택이다.

(2) 갈등요소(Conflict) 혹은 상황

갈등 없이는 스토리도 없다(No Conflict, No Story).

갈등은 스토리를 이끌어 가는 원동력이며, 목표달성을 위해 극복해야만 하는 장벽을 말한다. 그리고 갈등이 발생한 상황 혹은 갈등이 해결된 상황을 구체적으로 그리고 재미있게 표현한다. 즉, 고객에게 상품과 서비스가 필요한 계기를 극적으로 표현하는 것이다. 갈등요소는 고객의 현재 처한 상황과 팩트(fact; 사실)로 구성한다.

(3) 등장인물(Characters)

상품과 서비스를 사용하는 인물이 등장해야 한다. 이 등장인물은 상황에 맞는 캐릭터를 갖고 있어야 한다. 고객이 인정하는 유명인이나 고객이 속한 사회모임이나 준거집단에 속해서 상담 중인 고객에게 영향력이 있는 인물이 좋다.

(4) 이야기의 구성, 흐름(Plot)

이야기를 구성하는 방식에는 여러 가지 방법이 있다. 영업실무자가 가장 쉽게 활용하는 방법은 5W1H를 활용하면 제일 좋다.

Who: 고객, 구체적으로, 상품에 따라 고객 다수가 등장할 수도 있음

What: 어떤 일이, 어떤 상황에서 무슨 일이 벌어졌는지……

Why: 왜 그러한 일이 발생하였는가? 왜 그러한 행동을 하는지……

Where: 상황이 벌어진 장소

When: 상황의 전개시간

How: 대응방법, 해결방법

And Result: 결과로써 얻은 이익과 편리함, 해결한 문제의 내용과 그 결과 등의 구조로 스토리를 만들면 된다.

영업실무자는 자신의 기존고객들의 사례를 중심으로 상품과 서비스의 가치를 극적으로 표현할 수 있는 다양한 스토리를 개발해 가망고객을 설득하는데 활용해야 한다.

4. 고객의 니즈

앞에서 고객이 구매해야 하는 이유인 조직과 상품·서비스 그리고 영업실무자의 가치개발에 대해 알아보았다. 이렇게 개발한 가치를 고객에게 제안하였을 때 고객이 그 가치를 기꺼이 선택하도록 하는 고

객의 욕구에 대해 지금부터 알아보도록 한다. 이 고객의 욕구를 우리는 고객의 니즈라고 한다. 고객의 니즈와 가치개발은 영업의 근간이자 성과수준을 결정짓는 핵심 요소임을 앞에서 강조하였다.

1) 니즈의 정의

니즈는 **"고객이 가진 해결할 문제와 불편함, 채우고자 하는 필요와 욕구, 그리고 달성하고자 하는 목표, 해소하고자 하는 불편함으로 이러한 필요를 해결하기 위해 외부의 자원(상품과 서비스)을 기꺼이** 구매를 결정하도록 하는 것"이다. 고객이 가진 필요와 문제, 목표, 욕구가 모두 니즈가 되지 않는다. 기꺼이 돈을 투자하고, 비용을 지불하고자 하는 결심이 있어야 니즈가 된다. 불편함을 참고 견딘다. 문제를 그냥 안고 간다. 목표달성을 굳이 하지 않아도 된다면 구매로 이어지지 않기 때문이다.

그리고 고객의 니즈는 고객이 자신의 말로 표현한 것이어야 한다. 영업실무자가 자신의 가치개발 내용으로 자신이 상담하는 고객이 '~한 니즈가 있을 것이다'라고 생각하는 것은 추론이고 가설이다. 유능한 영업실무자는 이렇게 추론 혹은 가설로 수립한 가치가 고객의 니즈와 일치하는 경우가 많다. 그리고 이 가설과 추론은 영업실무자의 관점이고 가설일 뿐이다. 가설이 영업 성과에까지 영향을 미치려면 고객이 이런 니즈를 가졌는지를 확인하는 능력이 요구된다. 또한 고객이 스스로 자신의 니즈를 말하도록 유도하는 상담능력이 요구된다. 이 능력에 대해서는 뒤에서 자세하게 알아본다.

2) 니즈의 가치

고객의 니즈는 고객으로 하여금 기꺼이 구매하도록 하는 힘이 있다. 고객의 니즈가 강할수록, 그리고 영업실무자의 제안가치가 고객의 니즈와 일치할수록 고객을 구매행동으로 이끌 수 있다. 니즈의 긴급성이 신속한 구매로 이어지고, 때로는 영업이익률을 최대로 보장해 준다. 고객의 니즈 충족 중심의 영업활동은 고객이 영업실무자를 자신의 비즈니스 혹은 라이프 파트너로 대우하게 만들어 준다. 고객이 가진 중심의 영업활동은 영업실무자의 자부심을 키워 준다.

또한 고객이 가진 다양한 니즈는 영업의 기회를 제공해 준다. 니즈는 상품과 서비스의 가치를 올려 준다. 니즈는 고객이 구매의사결정 프로세스를 가동하도록 하는 원동력이 된다. 따라서 니즈는 다음과 같은 가치가 있다.

- 고객의 구매결정을 자극하고 돕는다.
- 고객의 심리적인 동기를 자극한다.
- 영업상담의 흐름을 파악하고 성공 가능성을 높인다.
- 영업실무자에게 자신감을 준다.
- 영업실무자와 고객이 영업상담의 결과에 만족을 느끼게 해준다.
- 고객의 니즈를 중심으로 영업상담을 한다면 영업실무자가 전문가라는 인상을 준다.
- 고객이 구매결정을 망설이게 만드는 장애물을 극복하게 하는 요인이다.
- 고객의 니즈를 안다면 고객의 거절, 저항, 무관심을 극복할 수 있다.

3) 니즈의 종류

영업실무자는 고객의 다양한 니즈를 파악하고 영업상담에 활용할 수 있어야 한다. B2C영업의 고객이 가진 니즈는 대부분 생활의 불편함을 해결을 통해 편리한 삶을 추구하는 욕구이다. 고객은 자신의 삶을 더 풍요롭게 만들기 위해 상품과 서비스를 구매한다. 사회적으로는 자신의 정체감을 표현하고, 자신의 라이프 수준을 유지하거나 라이프스타일을 새롭게 창조하거나 다른 사람의 라이프스타일을 추종하는 욕구도 있다. 개인의 경력 개발을 위한 욕구도 있고, 경력 상승을 위한 욕구도 있다. 그리고 개인적인 성향에 따라 개인의 구매의사 결정에 따른 니즈도 있다.

(1) Life Cycle Needs

Life Cycle Needs는 말 그대로 고객의 삶의 문제와 필요, 달성하고자 하는 목표들을 위한 새로운 상품과 서비스에 대한 욕구이다. B2C고객이 상품과 서비스를 구매하는 궁극적인 이유는 자신의 삶의 수준을 유지하거나 향상하는 것이다. 이것이 보험 상품이든, 가전제품이든, 자동차든, 금융상품, 화장품 등 모든 제품과 서비스의 구매 이유가 된다.

이러한 고객의 니즈가 발생하는 것은 스스로 원해서일 수도 있고 지인들 혹은 사회 유행을 따라가기 위해서, 자신의 사회적인 위치를 확인하고 표현하기 위해서, 미래 삶의 안정을 위해서 등 매우 다양한 계기에 의해 고객의 요구가 발생한다. 고객은 이러한 자신의 욕구를 채우는 데 최선의 가치를 제공해 주는 상품과 서비스를 구매한다. 이를 위해서 때로는 무리한 비용을 들여서라도 구매하기도 한다.

고객의 니즈를 좀 더 구체적으로 살펴보면 다음과 같다.

- 상승 니즈 ➡ 삶의 수준 향상, 삶의 목표 추구를 위해, 자신의 정체감 상승의 표현을 위해, 더 나은 삶의 편리함을 위해, 더 다양한 편리함을 위한 욕구, 미래의 안정에 대한 욕구, 자신보다 더 나은 수준을 유지하는 다른 사람을 따라 하고자 하는 욕구
- 유지 니즈 ➡ 현재 삶의 수준과 스타일을 유지하고자 하는 욕구
- 기능/성능 니즈 ➡ 위의 상승 니즈와 유지 니즈를 충족시켜 주고 문제 혹은 불편함을 해결해 주는 특성 SPEC을 가진 상품, 제품, 서비스

고객은 위의 니즈 중 상승 니즈와 유지 니즈의 충족을 위해 많은 상품과 서비스를 구매한다. 기능/성능 니즈는 두 가지 욕구를 충족시키는 수단일 뿐이다. 고객은 상품·제품을 구매하는 것이 아니라 그 상품·제품이 제공해 주는 가치(상승 니즈 충족, 유지 니즈 충족)를 구매하는 것이다. 이 구조를 앞에서 설명한 제품의 가치구조와 비교해 보라. 거의 동일하다는 것을 알게 될 것이다.

따라서 영업실무자는 자신을 찾아온 고객이든, 자신이 방문한 고객이든 그 고객이 어떤 니즈를 충족시키고 싶어 하는지를 파악할 수 있어야 한다. 특히 영업실무자가 방문한 고객의 경우 그 고객이 영업실무자와 상담해야 하는 이유와 상담을 통해서 얻는 이익을 상품과 서비스의 SPEC이 아닌 가치를 질문으로 활용해 니즈를 말하도록 하거나, 영업실무자가 제안한 가치에 흥미를 갖도록 해 고객이 자신의 니즈를 발견할 수 있도록 해야 한다. 이 부분에 대해서는 뒤의 니즈

개발 부분에서 자세히 알아볼 것이다.

일반적으로 B2C고객은 다음의 문제들로 인해 구매의사결정의 시작
이 된다.

- 고객이 가진 니즈
  - 기존 제품에 대한 불평과 불만
  - 개인적인 경쟁력 부족과 해결에 대한 필요 혹은 욕구
  - 진부한 라이프 스타일의 혁신을 위해
  - 적절한 기회의 상실과 이로 인한 손해를 만회하기 위해
  - 급변하는 거시환경과 적응하기 위해
  - 안정적 삶과 성장에 대한 불안감 해소를 위해
  - 사회 유행 및 트렌드 변화와 호흡하기 위해
  - 자연재해 극복과 피해 예방을 위해
  - 준거 인물의 구매스타일에 맞추기 위해
  - 미래에 대한 불확실성 ➜ 지속적 성장과 발전을 위해
  - 잘못된 의사결정과 실패 그리고 만회를 위해
  - 일과 삶의 변화에 적응하기 위해
  - 개인적인 좌절감 극복을 위해서
  - 잘못된 이미지를 개선하기 위해
  - 개인적인 목표달성에 필요한 자원부족을 해결하기 위해
  - 주변으로부터의 압력 때문에
  - 자신감 부족을 극복하기 위해
  - 정보부족의 문제를 해결하기 위해
  - 사용되지 않는 유효자원을 활용하기 위해
  - 목표 달성 실패를 극복하고, 재 도전을 위해

- 자신감 있는 삶을 위해
- 이미지 개선을 위해
- 대체재의 차별성 부족
- 새로운 대체재의 출현과 니즈의 변화 때문에
- 기존 구매처의 협상력(가격 인상 등) 강화 등의 요인들이 고객
  들에게 해결할 문제 혹은 충족할 욕구를 발생시킨다.

B2C영업실무자는 자신의 상품과 서비스에 대한 가치로 자신이 상
담하는 고객의 니즈 종류와 수준을 파악하고, 고객의 구매욕구를 끌
어낼 수 있어야 한다.

(2) 개인니즈

영업실무자가 만나는 B2C고객인 개인은 영업실무자와의 거래에서
충족하고자 하는 개인적인 욕구·니즈를 갖고 있다. 이 개인적인 니즈
는 거래성과와도 직결된다. 바꾸어 말하면 고객은 구매를 하는 과정에
서 자신이 원하는 개인적인 욕구도 달성하고자 한다는 것이다. 이 니
즈는 상품과 서비스로 충족되는 것이 아니라, 영업실무자와의 상담 분
위기, 구매에서의 영향력, 그리고 주변 사람들로부터의 평가 등이 포
함된다.

영업실무자는 고객의 이러한 개인적인 니즈를 무시해서는 안 된다.
왜냐하면 이 개인적인 니즈가 때로는 고객의 의사결정에 결정적인
영향력을 미칠 수 있기 때문이다. 즉, 영업실무자의 태도, 언어, 매너,
에티켓 등이 이 개인적인 욕구에 부정적인 영향을 준다면 고객의 선
택을 받기는 불가능 해진다.

다음의 <표 1-7>을 참조하여 고객의 개인적인 니즈도 이해하고

영업활동에 적극 활용하기 바란다.

<표 1-7> 개인 니즈의 구성

개인적 니즈	의미	내용
영향력 발휘 및 확인	자신의 권한을 확인하고자 하는 욕구 고객으로서 자신의 파워를 존중받고 싶은 욕구	- 스스로 구매를 결정한 합리화 및 정당화 - 자신이 원하는 대로 구매 - 흥정의 성공
안정, 안전	거래의 과정과 이후에도 위험에서 벗어나고자 하는 욕구	- 자세한 설명요구 - 사회적인 평판 고려 - 구매 후 불편함 제거 - 신속한 서비스
인간관계	고객의 이해관계자와의 관계에 부정적인 영향을 두려워하는 욕구	- 관계 유지 및 향상에 도움이 되는지
인정	구매의 결과에 대해 주변으로부터 인정을 받고자 하는 욕구	- 인정받고 싶다 - 누가 사용하는가?

고객과 상담을 할 때 영업실무자는 고객이 가진 개인적인 욕구를 민감하게 파악해 대응할 수 있는 능력을 갖추면 훨씬 수준 높고 전문적인 상담을 할 수 있을 것이다. 상품과 서비스를 판매하겠다는 욕심과 성급함으로 이러한 고객의 개인적인 요구를 무시하면 고객은 발길을 돌리거나 냉담한 반응을 보인다.

고객을 처음 맞이하는 태도에서부터 언어표현, 상담 스킬 그리고 경청을 하는 자세를 보여 주면서 마지막으로 상담을 깔끔하게 마무리하는 시점까지 영업실무자는 고객의 개인적인 니즈에 민감하게 대응할 수 있어야 한다는 것을 명심하라.

(3) 고객니즈의 종합

인간의 모든 행위는 자신의 삶을 영위하고 생활양식을 유지하거나,

삶의 수준을 올리기 위한 것이다. 특정 상품과 서비스를 구매하는 고객의 행위 역시 이와 관련되어 있다. 이러한 개인의 행동을 유발하는 것을 욕구라고 한다. 이 욕구를 매슬로우는 생존의 욕구, 안전의 욕구, 사회적 욕구, 존중의 욕구, 그리고 자아실현의 욕구로 구분하였고 마케터와 영업종사자들은 이 욕구를 자신의 업무를 성공적으로 수행하기 위해 많이 활용한다. 그리고 시장에서 거래되는 모든 제품과 서비스들 역시 이러한 욕구를 충족할 수 있어야 시장에서 생존할 수 있다.

또한, 개인에 따라 충족하고자 하는 욕구의 종류와 각 욕구의 수준이 다르다. 이는 안전을 위한 욕구 충족을 위해 보험을 가입하지만 개인에 따라 그 보험계약의 수준이 다른 것에서 확인할 수 있다. 따라서 우리는 고객들이 가진 욕구를 좀 더 세분화시켜 보는 것도 필요하다. 매슬로우와는 달리 머레이(Murray)는 인간의 욕구를 13가지로 세분화시켰다. 머레이가 구분한 인간의 욕구 13가지를 알아보자.

1. 성취욕구(Achievement); 어려운 과업수행, 높은 수준의 목표와 달성, 경쟁에 대한 긍정적 반응, 우수함을 위한 더 많은 노력과 비용을 기꺼이 투입하려는 욕구

2. 친교욕구(Affiliation); 사람들과 좋은 관계를 유지하고 싶은, 사람들에게 인정받고 수용받으려는 욕구, 사람들과 우정과 친교를 나누고자 하는 욕구

3. 공격, 투쟁 욕구(Agreession); 경쟁과 논쟁을 즐기고, 때로는 자신의 승리를 위해 상처를 주는 그래서 다른 사람들에게 피해 혹은 패배감을 주는 사람으로 인식되는 욕구

4. 자율욕구(Autonomy); 어떤 종류의 제한과 규제에서 벗어나고 싶어 하는 욕구, 사람, 장소, 업무에 얽매이지 않고 자유로워지고

싫어 하는, 제약과 규제에 저항하려는 욕구

5. 인내욕구(Endurance); 장시간 일하는, 쉽게 포기하지 않으려는 욕구, 큰 어려움에 직면해도 인내하고 끊임없이 도전하려는 욕구

6. 과시/전시욕구(Exhibition); 주의를 받는 중심이 되고 청중/다른 사람의 시선을 즐기려는 욕구, 극적인 연출로 주목을 받고 싶어 하는, 농담으로 시선을 끌고 싶어 하는 욕구

7. 안전/위험회피욕구(Harmavoidance); 위험이 내포된 흥분되는 활동을 피하려는 욕구, 극단적인 개인적인 안전을 추구하는 욕구

8. 충동욕구(Impulsivity); 진지함이나 숙고 없이 순간적으로 행동하는/행동하려는 욕구, 느낌과 욕구를 기꺼이 표출, 자유롭게 말을 하려는, 변덕스럽게 감정적인 표현도 서슴지 않는 욕구

9. 양육/동정욕구(Nurturance); 동정과 안락함을 주려는, 다른 사람을 기꺼이 도와주려는, 어려운 사람(아이, 장애인 등)을 도와주려는, 다른 사람들을 위해 선행을 기꺼이 하려는 욕구

10. 명령/질서욕구(Order); 주변과 조직에서 개인적인 영향력을 발휘하려는, 개인적인 영향력에 관심을 가지는, 조직적이지 않고 혼란스러운 것을 싫어하는, 방법적으로 조직화된 것을 유지하는 것을 개발하는 데 흥미를 갖는 욕구

11. 파워/권력욕구(Power); 상황을 통제하고자 하는 욕구, 다른 사람들에게 직간접적으로 영향력을 미치려는 욕구, 강하게 의견을 피력하고 리더의 역할을 즐기며, 그것을 자발적으로 하려는 욕구

12. 의존(양육의존) 욕구(Succorance); 다른 사람들의 동정, 보호, 사랑, 충고, 확신을 찾는(요구하는) 욕구, 이러한 지지가 없으면

불안하고 무능하며, 쓸모없는 사람으로 느끼는 욕구, 수용적인 사람에게 자신의 어려움을 기꺼이 털어 놓으려는 욕구

13. 이해/지적인 만족욕구(Understanding); 지식의 많은 분야를 이해하기를 원하는 욕구, 지적인 호기심의 만족에 직결될 때 아이디어를 통합하고, 일반화하며, 논리적인 사고를 하고자 하는 욕구

위의 13가지 욕구를 이해한다는 것은 인간의 행동을 이해하는 폭을 넓히고, 때로는 행동을 촉발할 수 있는 자극 또는 메시지를 개발할 수 있는 기회를 가질 수 있다. 그리고 중요한 것은 이러한 욕구들은 동시에 여러 개가 작동한다는 것이다. 그래서 인간의 행동을 이해하고 촉발하기가 더욱 어렵다. 자신의 사회적인 위치와 역할, 그리고 자신의 삶에서 추구하는 가치, 주변의 준거집단, 자신이 하고 싶은 일 등등에 따라서 인간의 행동을 촉발하는 욕구는 다양하다. 이 13가지의 인간의 욕구를 근거로 영업실무자가 고객을 좀 더 잘 이해하고, 고객관의 관계형성에 활용하면 좋은 결과를 볼 수 있을 것이다.

5. 니즈 개발

영업실무자가 고객을 만나 상담을 시작하자 고객이 먼저 자신이 가진 목표와 문제, 즉 상승 니즈와 유지 니즈를 이야기하면서 그 해결방법을 요청한다. 고객의 니즈가 영업실무자가 준비한 제안(상품, 서비스의 가치개발)으로 충분히 해결할 수 있다. 그리고 그 증거와 사례도 있다. 이때 영업실무자는 곧바로 가치제안을 고객을 설득하고 상

담의 마무리를 시도하면 된다(이 설득의 구조는 시리즈 1 『B2C영업의 기초』에서 알아보았다). 이와 같은 상황은 모든 영업실무자가 바라는 상황이다. 하지만 현실은 그렇지 않다. 비록, 고객이 구매를 위해 영업실무자를 찾거나 영업매장으로 방문한 경우에도 고객은 자신의 니즈를 명확하게 표현하지 않는다.

고객은 영업실무자의 방문을 허락하였으면서도 상담에는 적극적이지 않는 경우도 있다. 자신의 상황을 묻는 말에 그럭저럭 대충 반응을 보인다. 심지어는 방문을 허락하고서도 무관심을 보이거나 영업실무자를 홀대한다. 자신의 니즈를 말하지 않을 뿐더러 영업실무자에게 준비해 온 자료를 먼저 보자고 한다. 자료를 주면 곧 **"검토 후 필요할 때 연락을 주겠다"**고 하면서 상담을 빨리 마무리 지으려 한다. 이것이 대부분의 영업실무자들이 경험하는 상황이다.

영업실무자는 어떠한 상황에서든 고객이 자신의 필요와 니즈를 말하도록 해야 한다. 즉 영업실무자는 고객과의 상담을 준비하면서 추론한 고객의 니즈를 언급하면서 고객의 반응을 살펴야 한다. 영업실무자가 추론한 니즈가 고객의 니즈와 맞지 않는다면, 고객이 스스로 자신의 니즈를 말하도록 대화를 이끌어가야 한다. 그리고 난 후 영업실무자의 가치제안이 고객의 상승 니즈의 유지 니즈 충족에 도움이 된다는 것을 인식하고 기억하고 구매를 고민하도록 설득해야 한다. 고객이 당장은 구매하지 않더라도 고객의 기억 속에 제안한 가치가 확고한 자리를 잡도록 해야 한다.

이를 위해서는 상당히 전문적인 상담능력이 요구된다. 즉, 고객이 처한 상황과 환경을 분석해 고객의 니즈를 유추해 확인하거나, 가치개발을 중심으로 고객의 니즈를 파악하는 능력이 필요하다는 것이다.

이 능력의 핵심은 질문이다. 때로는 고객은 자신의 니즈를 모를 수도 있다. 즉, 현재보다 더 나은 가치를 누릴 수 있는 기회가 있다는 것을 인식하지 못하고 있다는 것이다. 따라서 이러한 고객과도 상담을 통해 영업실무자는 자신의 상품과 서비스에 대한 고객의 흥미 또는 호기심 더 나아가 구매의 욕구를 자극할 수 있어야 한다.

여기에서는 고객이 자신의 니즈를 모르거나 말하지 않을 때, 영업실무자가 제안하는 가치를 고객이 인식하도록 하기 위해, 그리고 고객의 니즈를 발굴하기 위한 질문의 내용과 방법을 알아보도록 한다. 그리고 이 질문의 방법을 효과적으로 실행하기 위해서는 시리즈 1『B2C영업의 기초』에서 강조한 경청의 기법 중 언어적인 기법이 기본이 됨을 이해하고 그 방법을 상기하기 바란다.

1) 질문의 유형

질문은 커뮤니케이션 기술 중 하나이다. 질문은 고객과의 대화를 깊이 있게 만들어 준다. 영업실무자가 고객의 니즈 발굴을 위해 사용할 수 있는 질문에는 크게 두 가지 유형이 있다. 하나는 열린 질문으로 고객으로 하여금 자신이 상황, 해결할 문제, 달성할 목표들을 자유롭게 표현하도록 하는 개방형 질문(열린 질문)이다. 5W1H(What, Where, When, Why, Who, How to)의 질문, 미끼 던지기 질문, 요청하는 질문이 이 열린질문에 포함된다. 고객이 이 질문에 답하기 위해서는 자신의 상황과 정보(니즈)를 표현해야 한다. 열린 질문에는 탐색질문과 분석질문이 있다. 때로는 사례 및 자료를 활용하거나 언급하면서 고객의 흥미와 반응을 살피는 미끼던지기 질문의 기술이 필요하다.

또 하나의 질문 유형은 **폐쇄형 질문(닫힌 질문)**으로 고객의 말을 듣고 영업실무자의 판단과 이해의 수준을 확인하거나 상담 내용을 정리하기 위해서 그리고 고객을 만나기 전 준비한 영업실무자의 추론·가설을 확인하기 위한 질문이다. 이 닫힌 질문에 대한 고객의 답은 "예", "아니오"라고 단답형, 긍정·부정형으로 대답할 수 있는 질문이다.

영업실무자는 고객을 만나기 위한 상담 준비를 하면서 고객의 상황을 예측해 고객이 자신의 현재 상황과 니즈를 말하도록 하는 다양한 질문들을 준비하여야 한다. 이 준비의 첫 단계로 영업실무자는 자신이 고객에게 제안할 상품과 서비스의 가치개발을 기초로 질문을 만든다. 혹은 고객의 현재 상황을 질문에 활용할 수 있다. 가치개발 구조 중 SPEC을 제외한 문제해결, 편리함과 이익 그리고 기존고객의 사례를 중심으로 역으로 질문(~한 편리함을 아는지?, ~한 문제는 없는지? 등)하면서 고객의 니즈를 확인하고 파악하는 미끼 던지기의 질문을 사용할 수도 있다. 또는 고객에 대해 파악한 정보에서 고객의 니즈를 추론해 준비한 가치개발을 중심으로 고객이 얻을 수 있는 이익을 원하는지를 확인하는 질문을 할 수 있어야 한다.

2) 질문의 종류와 방법

고객의 니즈를 발굴하기 위한 영업실무자의 질문은 상품과 서비스에서 개발한 가치와 고객에 대한 정보를 기본으로 한다. 아무리 고객의 니즈가 강하고 긴급하여도 자사의 상품과 서비스로 충족하거나 해결할 수 없는 니즈는 자신의 영업기회가 아니다. 반대로 자사의 상품과 서비스로 해결할 수 있는 문제와 채워 줄 수 있는 니즈를 가진 고객의 니즈는 영업성과를 달성하도록 지원해 준다.

영업실무자는 고객을 만나 오픈 마인드와 신뢰 구축을 한 다음 본격적인 상담에 들어가면서 질문을 통해 고객의 니즈를 발굴하는 시도를 하여야 한다. 시리즈 1 『B2C영업의 기초』에서 알아본 효과적인 상담 프로세스 중 고객의 니즈를 발굴하는 프로세스의 답을 지금부터 알아본다.

영업실무자의 질문에 고객이 답을 하지 않을 수도 있다. 침묵도 훌륭한 커뮤니케이션이고, 고객은 침묵하지만 마음 혹은 머리로는 답을 생각할 수도 있다. 따라서 무리하게 고객의 답을 요청하지 말고 다양한 사례를 제시하거나 영업실무자의 추측을 바탕으로 몇몇 유도질문을 시도하는 것이 좋다.

고객이 먼저 자료를 요청할 때는 일단 **"오늘 상담을 통해 얻을 수 있는 이익을 보다 쉽게 이해하는 데 도움을 주고자 몇 가지 확인을 위한 질문을 하고자 한다"**고 이해시켜서 질문의 기회를 확보하는 시도를 하라. 그래도 자료를 먼저 요청하면 자료를 제공한 후 고객의 검토내용과 태도를 보고 적절한 질문(특별한 내용 혹은 특정 페이지에 집중하는 것을 파악해 왜 그 내용에 관심이 있는지, 추가적인 설명이 필요한지, 왜 그러한 결과가 나온 것인지 아는지 등의 질문으로 상담을 전개)을 한다.

영업실무자가 활용할 수 있는 열린 질문은 다음과 같은 것이 있다.

가. 탐색질문: 고객의 문제, 니즈 욕구를 파악하는 질문, 고객의 상황을 확인하기 위해 활용하는 질문

- 자사의 역량(상품, 서비스)이 해결하는 문제, 채워 주는 욕구를 파악
- 고객이 얻는 최종 이익을 파악 특히 기존고객의 이익을 중심으로
- 사전에 파악한 정보(고객의 상황, 변화 및 트렌드 등)를 바탕으로
  - 상황질문
    - ~한 것을 필요로 하지 않는가?
    - ~한 어려움은 없는가?
    - ~한 것을 자주 사용하지는 않는가?
    - 언제 ~한 것이 필요한가?
    - ~한 변화를 알고 있는가?
    - 사회의 ~한 움직임을 알고 있는가?
    - 최근의 유행이 바뀌고 있는 것을 알고 있는가?
    - 왜 구매하려 하는가?
    - 어떻게 오셨는지?
    - 어떠한 도움이 필요한지?
    - ~한 이익에 대해 알고 있는지?
  - 문제 확인질문
    - ~한 문제가 없는가?
    - ~한 것이 불편하지 않는가?
    - ~가 없어 힘들지 않는가?
    - 무엇이 문제인가?
    - 어떤 문제가 우선적으로 해결할 문제인가?
    - 최근에 ~한 것이 문제화되고 있는 것을 알고 있는지?
  - 욕구 충족질문

・~을 요구하지 않는가?

・~를 필요로 하지 않는가?

・~한 것에 대해 불평이 없는가?

・비용 절감을 어느 정도로 하려 하는가?

・~한 보장을 받고 싶지 않은지?

 − 이익질문

・구매하고자 하는 이유는?

・용도는?

・~한 이익을 원하지 않는가?

・~한 목표를 달성하면 예상되는 이익은?

・~한 편리함을 누린다면 어떤 좋은 점이 있는가?

나. 분석질문: 원인과 영향 파악 ➜ 욕구의 강도를 확인

・무엇이 문제인가?

・원인은 어디에 있는가?

・그것이 해결되지 않는다면~?

・그 문제가 해결된다면~?

・누가 무엇을 할 수 있어야 하는가?

・문제해결을 위해 요구되는 것은?

・이익을 위해 필요한 것은?

위의 열린 질문을 하면서 영업실무자는 고객의 말과 자신이 이해하고 해석한 것을 확인하는 질문인 닫힌 질문을 한다. 이 닫힌 질문에는 다음과 같은 것이다.

가. 확인질문: 고객의 말을 정리 ➜ 가치개발로 연결을 위해, 영업실무자의 이해수준을 확인하기 위해, 고객의 반응과 대답을 요약하면서 니즈를 확인하는 질문

- ・~이 필요하다는……?
- ・~을 할 수 있어야 한다는……?
- ・~을 위해 ~문제를 해결해야 한다는……?
- ・~을 할 수 있다면 좋다는…… 등의 질문으로 고객의 니즈를 확인하고 명료하게 정의한다. 고객이 여기에 동의하면 준비한 가치로 설득에 들어가며, 만일 동의하지 않으면 다시 위의 열린 질문을 계속한다.

그리고 영업실무자가 고객을 만나 고객의 니즈를 파악할 때 활용할 수 있는 또 하나의 질문 유형은 As is~Should be이다. 이 질문은 상담하는 고객에게 제안하려는 가치로 제공하는 이익, 문제해결을 중심으로 다음의 순서로 질문하면 된다.

가. 현재 상태: 제안하는 상품 가치가 제공하는 이익과 문제해결에 대한 고객의 현재 상황을 질문한다. 이때 사용하는 이익과 문제해결은 신뢰 구축에서 방문목적을 이야기함으로써 고객이 인식하도록 하여야 한다. 투자상품을 영업하는 경우를 예를 들어 보면

- ・ "미래 보장은 어느 정도……?"
- ・ "현재의 보장범위는……?"
- ・ "어떤 식으로 자금을 투자하고 계시는지……?"

나. 원하는 수준, 모습: 위의 이익과 문제해결의 수준을 파악한다.

- ・ "미래 보장의 범위와 목표는?"

- "투자의 목표는?"

다. 장애물: 현재와 원하는 수준의 차이를 극복하지 못하는 장애물을 파악한다. 이 장애물을 고객이 명확하게 인식하고 있지 않으면 영업실무자는 몇몇 사례를 들어 장애물을 인식하도록 한다.
- "원하는 수준의 보장을 확보하지 못하는 이유는?"
- "투자 이익에 한계가 있는 이유는?"
- "투자 이익을 강화하기 위해 해결할 문제는?"

라. 요구되는 해결책: 고객이 장애물을 극복하는 데 요구하는 해결방법을 묻는다. 고객이 원하는 해결방법과 영업실무자의 가치, 즉 해결방법을 일치시키기 위한 방법이다.
- "어떤 조건이 되어야 원하는 미래보장을 가능하다고 생각하시는지?"
- "혹 ~한 방법으로 투자 이익을 강화할 수 있다는 것을 알고 계시는지?"

마. 이익: 장애물을 극복하고 원하는 수준을 달성하였을 때 고객이 얻는 궁극적인 이익을 확인한다.
- "지금 상품보다 미래 보장이 더 큰 상품을 확보한다면 좋은 점은 무엇인가요?"
- "지금의 투자보다 3% 더 이익을 볼 수 있다면 어떤 좋은 점이 있을까요?"

이렇게 질문을 통해 니즈를 시리즈 1 『B2C영업의 기초』에서 강조한 '고객의 니즈를 알 때의 설득 구조'로 고객을 설득한다. 만일 고객이 영업실무자가 질문하여도 대답을 소극적으로 하거나 자신의 상황을 말해 주지 않으면 '니즈를 모를 때의 설득방법'으로 설득을 시도한다.

이처럼 고객의 니즈와 영업실무자가 준비한 가치(제품지식)는 질문과 설득과정에서 없어서는 안 되는 요소이다.

위의 방법으로 고객의 니즈를 파악하고 설득해 고객이 구매결정을 하면 거래가 성사된다. 하지만 고객 대부분은 영업실무자의 설득에 따라서 의사결정을 하지 않는다. 고객에게는 의사결정을 위해서는 또 하나의 문제(니즈)가 충족되어야 한다. 이 니즈는 거래 조건과 관련된다. 영업실무자의 제안과 설득에 고객이 긍정적인 반응을 보이면서도 구매결정을 미루거나 거래조건을 이야기하면서 난색을 표하면 또 하나의 니즈를 발굴하고 설득을 다시 시도해야 한다. 이 단계가 협상의 단계이다.

따라서 영업실무자는 고객과 협상, 즉 흥정을 위해서 고객의 두 번째 니즈(거래 조건들)를 파악하여야 한다. 4장에서도 강조하겠지만 흥정은 곧 거래의 이익, 즉 마진 수준을 결정한다. 영업실무자는 항상 고객과 상담할 때 협상(흥정)을 할 수 있는 준비를 제대로 갖춰야 한다. B2B고객과는 달리 B2C고객은 구매계획과 구매과정을 전략적이고 철저하게 준비하지는 않지만, B2C고객 역시 구매할 때는(충동구매를 제외한) 계획에 의해 구매한다. 특히 고가의 상품과 서비스인 경우에는 더욱 이 계획을 철저히 수립한다. 따라서 영업실무자는 고객이 협상과 흥정의 신호를 보낼 때는 고객의 말을 듣고 고객이 원하는 거래 조건 등에 대한 확인을 하는 상담을 하여야 한다. 다음의 질문은 고객이 가격 등을 이야기하면서 구매를 망설이거나 주저할 때 흥정의 기회를 잡기 위한 질문이다.

가. 구매계획
- 구매계획은 세워졌는지?

- 그렇지 않다면 구매계획이 필요한지?
- 구매에 있어 중요한 것은?

나. 구매 예산

- 구매를 위한 자금은 확보되어 있는지?
- 구매 예산은 누가 집행하는지?

다. 구매 프로세스

- 어떤 방법으로 구매할 것인지?
- 따로 영업활동(샘플, 체험, 시승 등)이 요구되는지?
- 조건만 맞으면 바로 결정할 수 있는지?

라. 구매 관계자

- 누가 의사결정권을 가졌는지?
- 누구와 상의가 필요한지?
- 상담 중인 고객이 가진 권한은 어느 정도인지?

마. 구매 시기

- 언제까지 구매해야 하는지?
- 언제부터 본격적인 사용을 원하는지?
- 언제 배달을 원하는지?

바. 구매 조건

- 이번 구매에서 중요한 조건은?
- 합의해야 하는 조건은?
- 조정이 필요한 조건은?

사. 기타 구매와 관련해 해결하고 싶은 문제는?

이러한 고객의 상황에 대한 기본적인 정보를 바탕으로 다음의 질문을 활용하기 바란다.

- 거래에서 합의할 중요한 조건은?
- 구매비용을 줄이기 위해 무엇에 중점을 두는가?
  - 왜?
- 예산의 확보는?
- 구매의 성과 기준은?
- 사용자를 대신해 구매하는 경우에는
  - 누가 사용할 것인지?
  - 그의 요구수준은?
  - 그의 문제는?
  - 구매를 통해 그가 해결하고자 하는 문제는?
- 구매절차는?
- 구매계획은? 언제까지?
- 의사결정권자는?
- 계획한 예산보다 8% 싸게 구매할 수 있다면……? – 경쟁우위 강조
- 보다 좋은 조건으로 구매하기 위해
  - 포기할 것은?
  - 더 강화되어야 하는 것은?

영업실무자는 위의 질문을 통해 고객이 구매하는 과정에서 갖는 거래조건과 관련된 요구수준과 어려움, 한계 등을 파악하고 지혜롭게 대응하는 협상능력을 발휘할 수 있어야 한다. 고객과 협상/흥정을 하는 방법과 기술에 대해서는 part 2의 4장에서 자세하게 설명할 것이다.

1. 고객을 설득할 수 있는 가치개발(자사의 역량 제품지식 등)은 영업실무자가 생각하는 것보다 훨씬 많다.

2. 기존고객을 통해 다양한 가치개발이 가능하다.

3. 기존고객이 자사와의 거래를 통해 얻은 이익, 해결한 문제 등을 파악하고 이를 가치개발에 응용해야 한다.

4. 고객으로부터 상품의 사용 후기를 많이 받는 것이 좋다.

5. 고객은 다양한 계기에 의해 니즈가 발생한다. 영업실무자는 자사의 고객과 가망고객들의 니즈 발생 원인이 어디에서 오는지를 파악하고 활용할 수 있어야 한다.

6. 고객이 가진 개인적인 니즈를 절대로 무시해서는 안 된다.

7. 고객의 니즈와 개발한 가치를 종합해 설득력 있는 스토리텔링을 개발하는 것이 좋다.

8. 고객은 스스로 자신의 니즈를 잘 말하지 않는다. 영업실무자는 유용한 질문을 통해 고객의 니즈를 발굴해 영업성과 달성의 가능성을 높이도록 해야 한다.

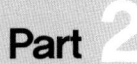

Part 2

영업목표를 이해하고
달성전략을 실행하라

제 1 장

달성 가능한
영업목표를 수립하라

다음 분기의 영업목표와 영업전략을 수립하는 회의시간.

팀장: "지난 분기 동안 모두들 수고했습니다. 다행히 우리에게 주어진 목표를 달성할 수 있어서 매우 기쁩니다. 그런데 각자에게 할당된 목표수준에 있어서 불만을 가진 분들이 있어서 다음 분기 영업목표는 회사가 정해서 할당하기 전에 각자가 스스로 목표를 정해서 보고하시기 바랍니다. 그것을 보고 최종적인 목표를 결정하도록 하지요" 하면서 1주일의 시간을 주겠다고 한다.

영업실무자 김수빈은 당황스럽다. 이제까지 다소 불만이 있었고 힘들어도 회사가 목표를 정해 주면 그냥 따라 하면 됐는데, 어떻게 목표를 수립할지 막연하다. 다른 동료들 또한 마찬가지인 것 같다. 결국 김수빈은 자신이 지난 분기에 달성한 목표를 새로운 목표로 정했다. 다음 회의시간.

팀장: "자 그럼 각자가 정한 목표를 말씀하시기 바랍니다" 하면서 메모를 준비한다.

김수빈: "예! 저는 이번 분기 영업목표로 ~원을 정했습니다" 하고 조심스레 이야기한다.

팀장: "그래요! 김수빈 씨가 지난 분기에 달성한 목표와 같은 수준이군요. 목표를 이렇게 설정한 근거가 있나요?"

김수빈: "그건, 지난 분기 목표를 기준으로 했습니다. 최근 경제상황도 좋지 않고, 고객들 역시 지갑을 열지 않는지라……" 하면서 대답을 한다.

팀장: "목표를 어떤 수준으로 정했던 그 목표에 대한 근거가 있어야지요. 그게 없다면 목표수립은 의미가 없잖아요. 그냥 지난 분기의 목표를 근거로, 그리고 특별한 근거 없이 본인이 달성할 수 있는 수준으로 목표를 설정하는 것은 앞으로 성장과 발전에도 도움이 되지 않지요. 다른 분들은……?"

다른 영업실무자들 역시 김수빈과 같은 방법으로 목표를 설정했고 또 근거를 묻는 팀장의 질문에 효과적이고 논리적으로 대답하지 못한다. 팀장은 갑갑하기만 하다.

팀장: "이해합니다. 이제까지 한 번도 각자에게 목표를 잡는 것과 목표수립에 대한 방법도 알려 주지 않고 요청한 것에 대해……. 그래도 어느 정도는 알고 있으리라 생각했는데 제 생각이 지나친 것 같군요. 그럼 이번에도 어쩔 수 없이 회사가 정한 목표를 각자의 지난 분기 영업실적과 다음 분기의 각자 맡은 시장의 동향과 소비자들의 트렌드, 그리고 회사 상품과 각자의 매출 추이를 고려해 분배하는 것으로 하겠습니다. 그리고 시간이 지나면 어떻게 목표를 수립하는 것이 효과적인 방법인지를 알려 드리도록 하지요."

1. 영업목표의 이해

영업실무자는 자신이 달성할 목표를 스스로 수립할 수 있어야 한다. 그리고 합리적인 목표수립을 위해서는 시장의 동향과 고객인 소비자의 트렌드 및 구매력, 경쟁사 혹은 경쟁점포의 동향 등을 면밀히 분석하여야 한다. 이러한 정보는 곧 영업실무자의 영업전략 수립에도 직접적인 영향을 미치고, 영업활동 기획에도 영향을 미쳐 목표달성의 가능성을 결정하기 때문이다.

목표는 도전과 동기부여 그리고 열정을 이끌어 내고 영업실무자의 능력을 입증하는 것이다. 전략은 영업실무자의 능력을 영업현장에 활용하는 것으로 목표달성의 성공 가능성을 높이고 기대를 갖게 하며 그리고 구체적인 영업을 위한 행동의 방향을 결정한다. 영업전술은 매일 영업실무자가 해야 하는 활동내용이며, 고객과 상담을 하면서 발생하는 크고 작은 장애물을 극복하게 해 주면서 영업의 성과에 직접 영향을 미친다. 따라서 목표수립과 목표달성 전략 그리고 영업전술(영업활동기획)들은 한마디로 영업실무자의 성과를 결정하는 핵심 역량이다.

이 장에서는 영업실무자가 알아야 하는 영업목표의 종류와 수립방법에 대해 하나씩 알아보도록 한다.

대부분의 조직에서 영업실무자에게 부과되는 영업의 목표는 조직의 상위계층에서 수립되어 영업실무자에게 할당된다. 그러다 보니 영업실무자들은 자신에게 주어진 목표수준에 불평을 하기도 하고 목표달성에의 몰입도가 낮아지기도 한다. 이를 극복하고 영업실무자 스스로 동기부여를 하며 목표에 대한 몰입도와 목표달성 가능성을 높이기 위해서라도 영업실무자 스스로 자신의 목표를 수립할 수 있어야 한다. 이러한 능력을 바탕으로 조직의 영업목표를 수립해야 목표달성의 가능성을 높일 수 있다. 영업목표를 수립하기 위해서 영업실무자는 목표수립을 위한 지식과 정보(시장의 동향과 고객인 소비자들의 트렌드를 파악 거시환경을 분석하는 등)와 목표수립 시 활용하는 도구(합리적인 목표수립의 방법)를 알고서 과학적이고 체계적인 방법을 활용할 수 있어야 한다. 영업목표를 수립할 때 활용하는 정보는 곧바로 영업전략의 수립에도 영향을 미친다. 이 말은 영업목표와 영업전략은 시장과 고객, 외부환경의 영향을 많이 받는다는 것이다. 그리고 영업전략의 우수성은 목표달성 여부에 의해 결정이 된다. 그리고 달성해야 하는 목표에 따라 영업전략과 영업전술 역시 달라져야 한다. 예를들어, 매출 중심의 영업목표와 매출 이익률(마진확보, 보호) 중심의 영업목표는 그 목표달성을 위해 활용하는 자원이 다르고 전략과 전술이 달라져야 하는 것이다. 이 목표의 전략 수립에 대해서 뒤에서 하나씩 알아보도록 한다.

2. 영업목표의 종류

영업실무자가 수립해야 하고 달성해야 하는 영업목표에는 크게 재무적인 목표와 비재무적인 목표가 있다. 일반적으로 재무적인 목표는 매출과 매출 이익률과 관련된 것이고, 비재무적 목표는 영업활동의 효율성과 영업 스킬·역량 개발과 관련이 있다. 각각에 대해 하나씩 알아보도록 한다.

1) 영업목표의 구조

우선 영업목표는 다음의 구조를 갖는다.

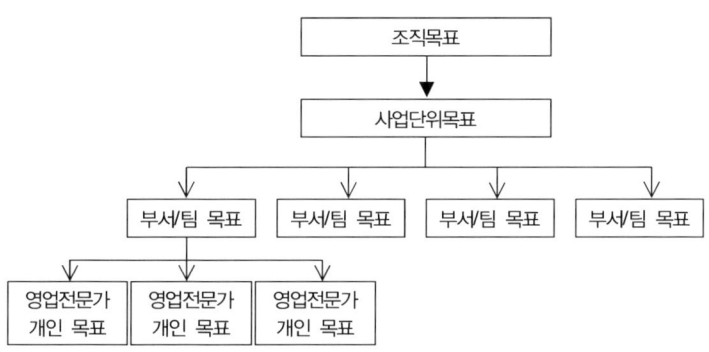

[그림 2-1] 영업목표의 구조

조직목표는 회사 전체가 달성할 매출목표가 된다. 이 목표에 따라 각 사업 단위나 브랜드별, 지역시장별 목표가 주어지고 각 사업단위 내 각 영업부서 혹은 영업팀에 목표가 할당된다. 이 단위 영업조직의 목표는 다시 영업단위의 구성요소인 영업실무자에게 개인적으로 할당된다. B2B영업의 경우에는 영업단위 조직의 목표수준에서 더 이상 아래로 할당되지 않을 경우도 있다. 대리점 혹은 유통채널을 중심으로 영업활동을 전개하는 영업실무자들에는 조직의 목표와 개인의 목표가 아주 체계적으로 수립되고 할당된다.

B2C영업(보험, 자동차 등)의 경우에도 조직의 목표(시장 점유율 확장, 이미지 강화 등)가 수립된 후 이 목표가 영업현장에서 고객과 만나는 영업실무자 개개인에게 구체적으로 할당이 된다. 조직은 자신의 목표달성을 위해서 전반적인 마케팅전략과 영업전략을 수립한다. 따

라서 영업실무자의 영업전략은 조직의 영업전략에 영향을 받는다. 그리고 조직은 영업실무자에게 더 많은 영업활동을 자극하기 위해 다양한 보상 시스템을 구축한다. 따라서 영업실무자는 자신에게 주어지는 영업목표뿐 아니라, 자신이 받기 원하는 수당 혹은 인센티브를 받기 위해 영업실무자의 개별적인 목표수립을 할 수 있어야 한다. 이를 위해서는 영업실무자는 자신의 목표수립을 자신의 상품과 시장의 규모, 고객인 소비자의 동향 등을 중심으로 자신이 달성 가능하면서도 동기부여가 되는 영업목표를 스스로 수립할 수 있어야 한다. 그냥 열심히 영업활동을 하는 것보다 다양한 정보와 합리적인 분석에 의한 목표수립이 달성 가능성을 더 높이기 때문이다. 이 장에서는 영업목표를 수립하기 위해 분석해야 하는 자료들과 정보들에 어떠한 것이 있는지, 그리고 이 자료를 토대로 어떻게 영업목표를 수립하는지 그 방법에 대해 알아보도록 한다.

2) 재무적 목표

재무적 목표는 영업실무자가 영업활동을 통해 달성해야 하는 구체적인 목표수준으로 숫자로 측정이 가능한 목표들이다. 이 재무적인 목표는 통상적인 영업의 매출목표다. 이 재무적 목표에는 또 하나의 중요한 목표인 매출 이익률도 있다는 것을 간과해서는 안 된다. 재무적 목표는 다음과 같다.

가. 매출목표
- 상품 · 브랜드별

- 지역별
- 고객별
- 영업실무자별

나. 이익률 목표
- 지역별
- 고객별
- 상품별
- 영업실무자

다. 채권관리 목표
- 외상 매출금 회수
- 불량채권 회수

라. 영업비 절감목표

마. 상품 반품률 목표

바. 상품 회전율 목표

사. 시장 점유율 목표

영업실무자는 자신의 재무적인 목표를 수립하기 위해 어떤 목표에 중점을 두는가에 따라 목표수립에 활용할 자료와 정보들을 적절하게 수집하고 분석하여야 한다. 가장 기본적인 자료는 자신의 과거 영업 실적과 조직 전체의 실적 흐름, 자사의 경쟁력이다. 물론 시장의 흐름 과 동향, 거시적인 환경, 고객의 트렌드, 고객들의 구매성향, 지역별 시장 규모와 변화 등과 관련된 정보를 수집하고 분석해 영업목표 수 립과 달성에 영향을 주는 기회와 위협 요소도 파악해야 한다. 이러한 정보를 활용해야 하는 이유는 시장에서 사라져 가는 상품(고객의 구매성향이 떨어지는)에 목표를 집중해서는 안 될 것이고, 최근에 성장하고 있는 시장, 매출이 올라가는 상품, 확장되고 있는 시장, 새롭게 대두되는 시장 및 구매 가능성이 커지는 고객을 놓쳐서도 안 되기 때문이다.

3) 비재무적 목표

비재무적 목표는 재무적 목표달성을 위해 요구되는 영업조직과 영업실무자의 역량으로서 이 역량들의 향상과 개발이 또 하나의 중요한 영업목표가 되어야 한다. 이 목표들의 달성수준은 영업활동의 효율성을 향상시키고 재무적인 목표의 달성 가능성을 향상시킬 수 있을 것이다. 이러한 비재무적인 목표는 재무적인 목표와 밀접하게 관련이 있다. 비재무적 목표에는 다음의 것들이 있다.

가. 영업활동목표
- 영업활동 효율화 목표
- 영업활동 관리
- 영업진척도 관리
나. 신규고객 확보 목표
- 신규시장
- 신규고객
- 경쟁사 고객유치 등
다. 시장 개척, 고객 발굴
- 새로운 시장 혹은 지역으로의 진출

라. 역량 개발 목표
- 영업상담능력
- 영업협상능력
- 영업활동 기획능력
- 고객개발과 어프로치 스킬
- 영업 프레젠테이션 스킬 등 영업도구의 활용능력 강화
- 인간관계 능력강화
- 대고객 커뮤니케이션과 화법 개발
- 까다로운 영업 상황대응능력

마. 고객관리 목표
- 기존고객: 유지, 강화, 확대, 교차판매 등
- 서비스 개발-충성도 강화

바. 영업관리자 역량 개발

사. 영업팀 팀워크와 조직 활성화

아. 영업비용 절감 등

비재무적 목표수립을 위해서는 영업실무자의 영업활동 내용과 효율성에 대한 정보가 합리적이고 체계적으로 분석되어야 한다. 그리고 영업활동의 효율성을 평가할 수 있는 기준도 준비되어 있어야 한다. 더이상 영업의 성과를 영업실무자 개인의 역량과 특성, 그리고 개인적인 영업활동에 맡겨 두어서는 안 된다. 영업활동은 과학적이고 체계적으로 수행되어야 하는 조직의 가장 중요한 업무이다.

이 비재무적인 목표달성을 위해서는 조직의 지원이 절대적으로 필요하다. 영업역량이 강한 조직은 이러한 비재무적인 목표의 수준을

정리한 업무 매뉴얼, 업무 수행방식, 영업진척도 관리 및 적절한 코칭 등이 잘 갖추어져 있다. 또한 내부적으로 상호 지원하고 개발해 주는 분위기가 잘 형성되어 있다.

영업실무자 스스로도 자신의 영업역량 개발에 끊임없는 노력과 투자를 해야 한다. 조직의 지원에만 기대서는 안 된다. 자신의 영업활동 성공에 요구되는 지식과 기술, 태도를 파악하고 그러한 역량을 지속적으로 개발하는 영업실무자만이 경쟁력 있는 영업실무자가 될 것이다.

3. 재무적 영업목표 수립 방법

영업실무자가 자신의 영업목표 수립을 위해서 알아야 하고 수집 및 분석해야 하는 정보로는 다음의 것이 있다. 올바른 정보를 올바르게 분석하는 능력이야말로 달성 가능한 효과적인 목표수립을 위한 핵심 능력이 된다.

- 지역·시장 총수요
- 고객별 총수요
- 고객, 시장의 트렌드
- 전년 동기 실적(3~5년)
- 향후 경제성장 및 경기추세 정보
- 동종업계의 동향과 동종업종의 수요 예측
- 산업의 경쟁구조 혹은 지역의 경쟁구도
- 경쟁사의 판매실적, 예측, 정보, 최근 동향과 경쟁사의 영업전략

- 경쟁여건과 자금능력, 자사의 경쟁력
- 거래선의 매출액과 판매능력(대리점, 루트 세일의 경우)
- 거래선 시장의 시장 규모와 동향
- 고객의 구매력과 구매 패턴 등

이러한 정보들을 기초로 해서 영업실무자는 자신이 달성하고자 하는 그리고 달성할 수 있는 영업목표를 시장과 고객기반으로 수립할 수 있어야 한다. 목표가 높은 것일수록 좋지만 중요한 것은 목표를 달성하는 것이다. 따라서 달성 가능하고 도전적인 목표수립을 위해서는 다양한 정보 활용이 필수적이다.

1) 수요 예측과 재무적 목표

재무적인 영업목표 수립을 위해서는 다음의 몇 가지를 사전 자료를 수집하고 분석을 통해 시장과 고객의 잠재수요를 예측할 수 있어야 한다. 이 수요 예측에 따라 매출목표를 결정할 수 있기 때문이다. 아래의 분석은 조직 전체의 매출구조를 분석하는 방법이지만 영업실무자 또한 자신의 영업 성과인 매출구조를 파악하고 보다 효과적인 목표수립을 위해서 검토해 볼 수 있는 데이터들이다.

(1) 제품별 매출구조 분석

조직 또는 영업실무자의 매출구조 중 각 제품이 차지하는 비중은 향후 목표와 전략 수립에서 역량을 집중적으로 투자할 제품을 선별하는 좋은 방법이다. 제품별 매출구조 분석은 아래의 표와 같다. 다양한

지표들을 활용해 달성 가능한 목표를 수립하도록 하라. 영업실무자는
자신의 활동성과를 아래의 지표들에 맞춰 관리하는 노력도 필요하다.

〈표 2-1〉 제품별 매출구조

지표	의미	산출방식	분석기준
제품별 매출 총이익률	총 매출에서 각 단위 제품이 차지하는 비중	(제품별 매출 총 이익/ 제품별 매출액)×100	높을수록 영업성과가 양호-영업 이익률이 좋음-높은 마진
제품별 매출 성장률	각 단위 제품의 성장 속도를 파악하는 자료	(제품별 금년 매출/제품 전년도 매출)×100	높을수록 시장·고객확대 등의 긍정적인 결과
제품별 시장 점유율	각 제품의 시장 총수요에서 각 단위 제품이 차지하는 비중	(제품별 매출액/제품별 총수요)×100	높을수록 자사의 상품, 각 단위 제품의 시장 점유율이 높음, 더 많은 고객확대의 결과
제품별 반품액 비율	매출에 반품의 비율로 영업의 효율성, 고객의 니즈에 대응하는 능력을 판단하는 자료가 됨	(제품별 반품액/제품별 매출액)×100	높을수록 영업의 효율이 떨어지고, 고객 불만이 증가할 우려, 낮을수록 좋음
제품별 회전율	제품의 투자효율을 판단하는 기준	(제품 매출액/제품 투자액)×100	높을수록 투자자금의 회수율이 양호함을 나타냄
제품별 현금 매출 비율	각 단위 제품의 현금 창출 능력을 판단하는 기준	(제품별 현금매출액/제품별 매출액)×100	영업의 이익률과 효율을 판단하는 기준으로 높을수록 양호함

위의 매출구조 분석 중 각 제품별 성장 기여도를 분석해 보자.

〈표 2-2〉 상품별 성장 기여율

상품명	전기매출액	당기매출액	증감률	구성비	성장 기여율
A	54,000	56,000	103.70%	0.42	0.44
B	38,000	25,000	65.79%	0.30	-0.20
C	24,000	48,000	200.00%	0.19	0.38
D	8,000	10,000	125.00%	0.06	0.08
E	1,500	1,000	66.67%	0.01	-0.01
F	1,000	1,200	120.00%	0.01	0.01
G	900	1,500	166.67%	0.01	0.01
합계	127,400	142,700	112.01%	1.00	1.12

위의 도표에서 보면 제품 A의 경우 매출의 구성비와 성장기여도가 가장 높다. 그리고 매출 증감률은 B제품의 매출이 가장 많이 감소하였다. 제품 B, E의 경우 매출감소로 성장 기여도 또한 떨어지고 있다. 왜 이러한 결과가 나온 것인가를 분석해야 한다. 영업실무자의 역량으로 극복할 수 있는 원인이라면 목표수립에 긍정적인 요소가 되겠지만, 영업실무자가 해결할 수 없는 요인이 매출감소의 원인이라면 목표수립에 부정적인 요소가 될 것이고, 그에 따른 대안적인 목표를 수립해야 한다. 상품 G의 경우 매출액은 가장 적지만 성장률은 가장 높다. 그 원인 또한 분석해 영업목표 수립에 활용할 수 있어야 한다. 이러한 정보를 활용해 다음 분기 또는 다음 회계연도의 영업목표 수립에 활용할 수 있어야 한다.

달성 가능한 영업목표 수립과 집중할 목표수립을 위해서 각 제품이 매출에 차지하는 비중에 대한 자료를 분석해야 한다.

(2) 판매비 구조 분석

판매비는 영업활동의 효율성을 판단하는 중요한 자료이다. 매출이 성장하더라도 영업비 또는 판매비가 동일한 비율로 상승한다면 조직은 이익창출에 실패하거나 이익확보가 어려울 것이다. 이 판매비는 조직 또는 영업단위 조직 그리고 영업실무자 개개인의 활동 효율성을 올리기 위한 영업목표의 한 종류가 되어야 한다. 영업실무자는 판매비는 조직이 떠안고 책임을 지는 것이라는 생각을 버려야 한다. 그리고 B2C영업실무자들 중 상당수(자동차, 보험, 방문판매 등)는 이 판매비를 스스로 부담하기도 한다. 따라서 개인적으로도 이 판매비를 효율적으로 관리한다면 더 많은 수입을 보장받을 수도 있을 것이다.

<표 2 ‐ 3> 영업비 구조

지표	의미	산출방식	분석기준
판매관리비 비율	각 제품의 단위당 매출에 판매관리비가 차지하는 비중	(판매 관리비/ 매출액)×100	높다면 과다한 비용이 소요됨을 의미하므로 낮을수록 양호
영업비 비율	제품의 단위당 매출에 소요되는 영업비의 비중	(영업비/ 매출액)×100	낮을수록 낮은 비용으로 매출이 일어남. 양호한 상태
광고 선전비 비율	영업활동을 지원하는 광고 선전비가 매출에서 차지하는 비중	(광고 선전비/ 매출액)×100	높을수록 과도한 광고 선전비가 소요됨을 의미. 낮을수록 양호
판매 촉진비 비율	영업촉진(SP)을 위한 비용이 매출에 차지하는 비중	(판매 촉진비/ 매출액)×100	낮을수록 적은 비용으로 매출이 일어남을 의미하므로 양호 낮을수록 촉진활동의 효율성이 높음
물류비 비율	매출액에 대한 물류비가 차지하는 비중	(물류비용/ 매출액)×100	낮을수록 양호. 조직에서 해결할 수 있는 문제는 해결하는 것이 경쟁력에 도움이 됨(전략적 제휴, 아웃소싱 등)
성과수당 비율	각 매출액에 대한 성과수당의 비중	(성과수당/ 매출액)×100	높을수록 과도한 수당-수당의 비율을 분석 낮을수록-영업실무자 동기부여 저하 우려 적절한 성과수당의 비중을 검토가 요망
접대비 1	매출에 대한 접대비의 비중	(접대비/ 매출액)×100	낮을수록 양호
접대비 2	영업비 중 접대비가 차지하는 비중	(접대비/ 영업비)×100	낮을수록 양호, 높다면 영업비의 효율적인 관리가 요구

영업활동을 하면서 비용을 사용하지 않거나 줄이는 데는 한계가 있다. 그렇다고 영업비를 마음대로 쓴다고 매출이 올라가거나 더 많은 매출을 보장받는 것도 아니다. 조직 또는 영업실무자는 경쟁력을 강화하고 이익(마진)을 많이 남기기 위해서라도 저비용 고효율의 영업활동을 전개할 수 있어야 한다. 이 영업비를 줄이는 목표는 비재무적 영업목표의 달성수준과 관련이 있다.

(3) 영업실무자별 매출구조 분석

영업실무자 개개인이 조직의 매출에 기여하는 정도를 파악하는 것은 영업조직의 영업력 강화를 위한 필수 항목들이다. 영업 관리자들이 반드시 분석해야 하는 자료이다. 이 분석을 통해 영업실무자 개인에 대한 보상과 목표할당 또는 영업역량 개발을 위한 목표 등을 수립할 수 있기 때문이다.

• 영업실무자의 매출구조분석

다음의 각 지표를 영업실무자 개개인을 중심으로 분석한다.

〈표 2-4〉 영업실무자별 매출구조 분석

지표	의미	산출방식	분석기준
1인당 매출액	각 영업실무자가 매출액에서 차지하는 비중 - 목표달성 기여도를 판단하는 기준	(총 매출액/ 영업실무자 수)×100	높을수록 각 영업실무자의 매출 기여도 양호함. 영업실무자의 중요성이 강함
매출 성장률	영업실무자의 전년도 대비 매출 성장률을 분석	(금년 매출액/ 전년 매출액)×100	높을수록 양호함. 기타 대외적인 요인이 있는 경우는 그것을 고려하여야 함
매출 총 이익률	영업실무자의 매출 이익률 수준을 판단	(매출 이익/ 매출액)×100	높다면 영업실무자의 영업 효율이 높고 비용이 낮음을 의미
반품액 비율	매출에 대한 반품 중 각 영업실무자가 차지하는 비중	(반품액/ 매출액)×100	높다면 영업의 효율과 능력에 의문. 원인을 분석할 필요가 있음-가상매출이 있을 우려 등
장기미수채권비율	각 영업실무자의 매출액에서 미수채권이 차지하는 비중	(장기 미수금/ 매출액)×100	높다면 영업의 방식과 조건의 검토가 필요함. 낮음이 양호
현금 매출 비율	각 영업실무자의 매출액에서 현금매출이 차지하는 비중	(현금매출액/ 매출액)×100	높음이 양호 기타 판매조건을 비교 검토할 필요성이 있음

영업실무자의 목표달성 수준과 업무 효율성은 영업조직의 목표달

성에 가장 기본적인 요소이다. 과거의 활동지향적 영업에서 매출지향적 영업, 이익지향적, 업무 효율성을 강조하는 영업으로의 패러다임 변화를 위해서는 반드시 분석하여야 하는 자료들이다. 특히 영업 관리자는 자신이 관리하는 영업조직 구성원이 가진 영업역량을 파악하고 적절한 조치(개발, 교육, 코칭 등)를 위해서도 이 자료의 분석이 필수적이다.

여기서 한 가지 사례로 각 영업실무자의 매출과 성장 기여율은 다음과 같이 분석해 활용할 수 있을 것이다.

〈표 2-5〉 영업전문가별 성장 기여율

이름	전기매출액	당기매출액	증감률	구성비	성장 기여율
A	104,000	56,000	53.85%	-0.39	-0.21
B	98,700	25,000	25.33%	-0.18	-0.04
C	55,000	48,000	87.27%	-0.34	-0.29
D	15,000	10,000	66.67%	-0.07	-0.05
E	1,000	1,000	100.00%	0.01	0.01
F	1,000	1,200	120.00%	0.01	0.01
G	900	1,500	166.67%	0.01	0.02
합계	275,600	142,700	51.78%	1.00	-0.63

위의 도표를 보면 전체적인 영업의 매출은 감소하였다. 하지만 각 영업실무자의 성장 기여율을 다르다. 특히 각 영업실무자 중 E, F, G 영업실무자들은 자신들에게 주어진 목표를 달성하였지만 나머지 영업실무자들은 실패하였다. 목표달성의 성공과 실패 원인(영업 역량의 차이와 목표수립의 실패-E, F, G는 과소한 목표, A, B, C는 과도한 목표수립 또는 고객의 변화, 경쟁점 출현, 영업활동의 비효율성 증가

등)이 무엇인지를 파악하는 과정을 거친 후 다음 분기 혹은 연도의
영업목표 수립 자료로 활용할 수 있을 것이다.

(4) 수익성 분석과 이익 공헌도 분석
가. 수익성 분석

매출의 수익성은 영업목표에서 가장 중요한 요소 중 하나이다. 영
업활동의 수익성은 곧 조직의 장기적인 성장 가능성을 좌우한다. 이
수익성으로 조직의 성장 가능성을 강화하기 위한 투자와 지원을 위
한 자원의 확보가 가능해진다. 내실을 다지고자 하는 조직은 영업의
목표수립 시 반드시 분석하고 검토해야 할 영업 자료들이다. 이 수익
성은 고객에 따라, 상품에 따라 다를 수 있다. 이 또한 영업목표 수립
에 중요한 자료가 된다.

〈표 2-6〉 수익성 분석

지표	의미	산출방식	분석기준
매출액 총 이익률	영업의 수익성, 제조원가의 적정성 판단	(매출 총 이익/매출액)×100	높을수록 양호
매출액 영업 이익률	순수 영업활동의 이익으로 영업의 이익 기여도	(영업이익/매출액)×100	높을수록 양호함
매출액 경상 이익률	영업이익에서 영업 외 수익과 비용을 차감한 이익으로 경영 수익성 판단	(경상이익/매출액)×100	높을수록 양호함
매출액 당기 순 이익률	경상 이익에서 세금을 차감함 최종 수익성 판단	(당기 순이익/매출액)×100	높을수록 양호함
자기자본 경상 이익률	자기 자본의 경영이익 기여수준을 판단	(경상이익/자기자본)×100	높을수록 양호함
제품 회전율	제품의 회전 속도로 투자된 자금의 흐름 유용성을 판단하는 기준	(연 매출/평균 재고액)×100	높을수록 양호

나. 이익 공헌도 분석

여기서 제품의 이익 공헌도를 분석해 보자. 영업목표를 수립할 때 이익 공헌도가 높은 제품의 매출을 올리는 것에 집중하는 것도 영업목표 수립의 한 방법이다. 영업실무자 입장에서는 자신이 쉽게 매출을 올릴 수 있는 제품에 집중하려는 경향이 있다. 경쟁력 있는 조직은 이러한 편의 위주의 목표수립에서 벗어나 좀 더 이익 지향적인 목표수립을 한다. 제품의 이익 공헌도는 제품의 회전율과 이익과의 관계를 나타낸다.

〈표 2-7〉 이익 공헌도 분석

제품	매출액	구성비	이익률(%)	회전율(회)	교차비율	상승적	공헌도
A	5,300	0.40	25	5.4	135	53.64	0.39
B	3,450	0.26	30	6.3	189	48.88	0.35
C	2,345	0.18	27	3.6	97.2	17.09	0.12
D	1,000	0.07	40	4.7	188	14.09	0.10
E	789	0.06	13	4.5	58.5	3.46	0.02
F	456	0.03	20	2.4	48	1.64	0.01
계	13,340					138.80	1

- 상품 회전율/상품이 팔리는 속도
  - 공식: 연간 매출액/평균 재고액
- 상품 회전기간: 365/상품 회전율
- 교차비율: 상품이 팔리는 속도×수익성
  - 공식: 상품 회전율×매출 총 이익률
- 매출이익 공헌도
  - 상승적: 매출액 구성비×교차비율
  - 각 상승적 구성비가 매출이익 공헌도 비율이 된다.

위의 자료를 분석해 보면 제품 A는 매출액과 공헌도 그리고 상승적 데이터가 가장 높다. 따라서 이 제품은 다음 연도에도 매출과 영업이익률을 확대하는 데 전략적으로 집중해야 할 제품이다. 그리고 제품 D의 경우 매출과 구성비는 낮지만 이익률이 가장 높다. 따라서 다음 연도에는 중요한 매출증가(매출증가가 이익률증가로 이어지므로) 제품으로 영업의 목표수립에 반드시 고려해야 하고 그에 따른 전략을 집중할 필요가 있다. 이러한 방법으로 분석해 영업목표 수립에 활용하도록 하라.

(5) 잠재시장 규모 예측 방법

영업실무자 또는 영업조직이 자사의 상품과 서비스가 판매될 시장의 잠재규모를 파악하는 것은 매출목표 수립에 매우 중요한 자료이다. 잠재시장 규모를 초과한 매출은 달성이 어렵다. 물론 특별한 이슈의 발생으로 가능한 경우도 있다. 하지만 자사의 역량(영업역량)으로 공략이 가능한 시장을 놓치거나 경쟁사에게 빼앗기는 것은 너무나 안타까운 일이다.

이러한 실수와 아쉬움을 없애기 위해 전체 잠재시장 중 자사가 차지하고 있고 앞으로 차지하고자 하는 점유율, 자사의 경쟁력, 경쟁사의 수와 규모 그리고 전략 등을 중심으로 영업실무자 자신이 달성할 매출목표를 수립할 수 있어야 한다. 특히 유통영업이나 대리점 영업활동을 전개하는 영업실무자는 목표수립을 위해 반드시 분석해야 하는 자료들이다.

다음의 방법을 활용해 더 많은 영업의 기회를 확보하기 바란다.

가. 순차적 비율 방법: 신제품의 잠재 시장규모를 예측하는 방법으로 "제품의 고객이 될 수 있는 대상 전체로부터 출발하여 이에 구매와 관련된 여러 조건을 차례로 곱함으로써 압축시켜 가는 방법"이다. 그 공식으로는

잠재시장 규모=대상인구 수×예상 고객 수×예상 고객 중 구매 가능 수×지난해 판매량×기타 구매에 영향을 주는 지수들

이 방법의 정확한 결과를 위해서는 다음을 주의 깊게 고려해야 한다.
• 구매에 영향을 주는 요소들의 반영 정도와 비율
• 각 비율의 적정성이 정확한 예측의 수준을 결정한다.

나. 지역시장 지수법: 지역별 판매 자료와 함께 그 지역의 특성(인구수, 구매력 등)에 관한 자료를 수집하여 이러한 특성들에 가중치를 부여하고 이를 조합함으로써 지역별 상대적 잠재규모를 나타내는 지수를 산출하는 것이다.

가중치들은 각 시장의 판매에 영향을 주는 요소들의 회귀분석을 통해 계산하면 된다. 공식으로는

지역시장 규모=잠재 구매자 수×구매력 지수
• 구매력 지수=0.2(상대적 인구)+0.3(상대적 소매시장 규모)+0.5(상대적 가처분 소득)

(6) 판매예측 방법

시장의 잠재적인 수요량을 측정한 후 좀 더 세부적인 자사의 판매량을 예측하는 작업이 요구된다. 일반적인 판매 예측모형은 다음과 같다.

판매 예측치=잠재시장 규모×제품군 수준에서 확보할 수 있는 비율 ×자사 점유율

세부적인 방법으로는 다음과 같다.

가. 질적 판단 방법: 시장과 고객에 대한 경험과 현장의 지식을 갖고 있는 사람들에게 미래 판매 규모를 물어보는 방법

• 영업실무자 예측법: 시장에서 매일 고객을 만나고 영업활동을 하는 영업실무자들은 고객, 경쟁사, 유통업자들을 만나면서 고객의 반응과 트렌드, 구매계획, 구매조건, 구매방법, 경쟁사의 전략 등에 대한 많은 경험과 지식, 자료들이 있다. 이들의 정보와 자료를 중심으로 미래의 판매규모를 예측하는 방법이다.

 – 장점: 영업실무자 스스로의 지식과 경험을 기준으로 결정한 목표이기 때문에 달성하고자 하는 열정과 노력을 기울인다.

 – 단점: 영업실무자 주관적인 시각과 높은 판매예측은 자신의 목표가 높아질 우려가 있어서 부정적으로 보거나 예측치를 의도적으로 낮추려는 우려가 있고, 반대로 지나친 낙관적인 예측으로 과다한 목표수립 가능성이 있다.

 이를 극복하는 방법으로는 몇몇 영업실무자의 판단에 의존하지 말고 모든 영업실무자들의 예측치를 수집해 체계적인 분석으로 바람직한 시장 규모를 예측하는 것이 좋은 방법이다.

• 경영자 판단법: 조직의 주요 의사결정권자들의 의견을 종합하여 판매량을 예측하는 방법으로 정확한 예측을 위해서는 시장과 고객, 산업에 대한 지식과 경험이 있는 이들의 정확한 통찰력이 중요한 반면 구체적인 근거와 시장의 현재 상황에 대한 정보의 한계로 부정확한 예측을 할 수 있는 우려가 있다. 또한,

이 방법에 의한 판매예측이 목표로 수립되면 의사결정권자들의 영향력으로 상명하달식의 목표가 되어 영업 현장에서의 거부 또는 소극적인 태도로 목표에 몰입하는 부작용도 예상된다.

• 델파이 기법: 전문가들의 의견을 종합하는 집단적 합의 방법으로 시장규모를 예측하는 방법이다.

다음의 진행순서로 수행된다.

- 여러 명의 전문가들로 패널을 구성
- 예측의뢰
- 예측치 수집 분석: 평균과 예측치 분포
- 재예측 요구
- 전원의 일치가 될 때까지 반복

구체적인 실행방법은 [그림 2-2]와 같다.

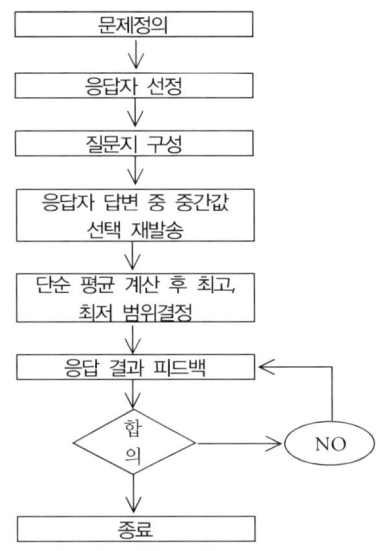

[그림 2-2] 델파이 기법 진행 순서

- 시계열 분석: 과거 판매자료-추세와 변화패턴을 찾아 이 패턴이 지속될 것이라는 전제하에 예측치를 도출하는 방법
  - 단순 예측법: 가장 최근에 관찰된 판매량을 기초로 차기 예측치로 정하는 방법으로 쉽고 빠른 반면 정확도에 문제가 있다.
  - 이동평균법: 몇 기간 동안의 자료를 순차적으로 평균하여 무작위로 변동의 효과가 감소된 자료를 찾는다. 공식으로는

    예측치={S(t-1)+St+S(t+1)}/3

    S: 판매량

    t: 기간, 시간
  - 시계열 회귀분석-시계열 자료가 내재하고 있는 변화패턴을 찾아내는 방법으로 판매를 종속변수로 하고 시간을 독립변수로 하는 회귀분석을 가장 기본으로 한다. 공식은

    판매=a+b(t)

    a: 기본 판매량

    b: 기울기로 시간에 걸친 판매의 변화 추세

    이 방법이 일반적인 유형은 다음의 그래프로 나타난다.

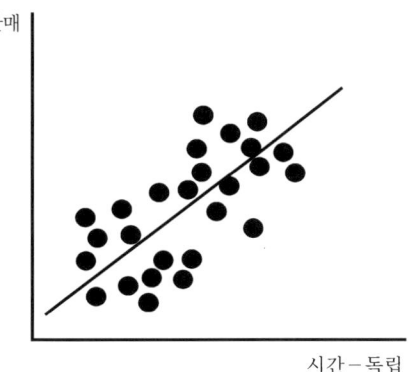

[그림 2-3] 시계열 회귀분석

나. 직접조사방법

- 구매의도 조사: 가망고객을 대상으로 구매의도를 직접 질문하는 방법이다. 물론 고객의 대답이 긍정적이라고 곧 구매로 이어지는 것은 아니지만 상품에 대한 인지도와 구매 가능성 등을 파악할 수 있다. 이러한 자료들은 영업목표 수립에 활용될 수 있을 뿐 아니라 영업의 전략 수립에도 활용할 수 있다.

위의 시장에 대한 판매예측 자료와 판매 자료들을 갖고 조직은 조직의 영업목표와 각 부서 또는 개인 영업실무자의 판매목표-재무적인 목표와 비재무적인 목표-를 수립할 수 있다. 지금부터는 그 방법에 대해 알아보도록 한다.

(7) 재무적 목표수립 도구

재무적 목표는 영업실무자가 영업활동을 통해 달성해야 하는 매출량 혹은 매출액과 관련된 목표이다. 그리고 매출의 이익률도 이 목표에 포함된다. 일반적으로 영업목표라 함은 대부분 이 재무적 목표(매출액, 매출량)를 일컫는다.

영업실무자든 영업 관리자든 영업조직은 영업활동을 통해 달성할 매출목표를 분석적이고 과학적인 방법으로 도전적이면서도 달성 가능한 수준으로 목표를 수립해야 한다. 시장과 고객의 상황을 분석하고 매출동향을 분석하는 등의 방법으로 실질적이고 구체적인 목표를 수립하여야 한다. 이러한 재무적 목표를 수립하는 방법으로는 다음의 방법들이 있다. 영업조직과 영업실무자는 자사의 영업 유형에 맞는 방법으로 적절한 데이터를 통해 영업목표를 수립하는 것이 좋다.

가. 과거 실적법

과거의 매출실적을 기반으로 다음 연도의 달성 목표수준을 정해서 두 자료를 기초로 매출목표를 수립하는 방법이다.

- 매출목표=과거실적×신장 목표율
  - 과거실적: 전년실적, 분기실적, 3~5년 실적
  - 신장 목표율: 과거 신장률, 경쟁사 신장률, 총수요 증가율, 경제지표 등을 기초로 결정
- 특징: 간편하다, 객관적 기준에 따라 부서별 균등 배분이 가능, 과학성이 결여, 부서별 불만 가중될 우려
- 연습
  - 금년 실적: 25억, 내년 목표 신장률: 19%
  - 내년도 매출목표는?

나. 시장 점유율에 의한 목표설정 방법

시장에서 자사가 차지하고 있는 시장 점유율을 기초로 달성하고자 하는 시장 점유율을 시장의 총수요에 접목해 목표를 설정하는 방법

- 매출목표=총수요×시장 점유율 목표
- 총수요: 총량배분, 구매의사 조사, 경향분석
- 시장 점유율 목표: 과거 점유율, 경쟁사 점유율 대비 자사 목표 점유율
- 특징: 상권(대리점, 점포, 실수요 업체, 유통채널 등) 목표설정 시 효과적이다. 경쟁적 마인드를 통한 공격적인 목표설정 가능, 총수요 예측이 어렵고 부정확, 가격 경쟁에 따른 수익성 저하가 우려된다.

- 연습
  - A지역 내년 총수요: 90억, 현재 당사 시장 점유율 22%, 내년 점유율 목표 29%
  - A지역 담당의 내년도 매출목표?

다. 판매능력에 의한 목표설정 방법

자사의 판매능력-영업실무자의 수, 유통채널과 조직의 유통경쟁력-등으로 달성할 수 있는 매출을 목표로 설정하는 방법

- 매출목표=판매능력(수)×단위당 판매량
  - 판매능력(수): 영업사원 수, 영업소/지사 수, 거래선(대리점)수, 점포, 차량 대수, 유통 경쟁력 등
  - 단위당 판매량: 사원당 판매액, 영업소/지사/거래선/대리점 판매액, 점포/차량당 판매액
- 특징: 인구와 상관관계가 있을 때 유효, 단위당 판매량이 고정됨이 전제, 판매능력에 대한 질적인 고려-영업경쟁력, 영업실무자 능력 등-를 배제한 것이 단점
- 연습
  - H사 지난해 110개 대리점 250억 매출, 금년 60개 대리점 추가 개설
  - 금년 매출목표는?

라. 상권 구매력 기준법

일정 범위/지역의 시장을 대상으로 영업활동을 하는 유통영업, 채널영업, 대리점, 프랜차이즈 영업을 하는 조직의 목표설정 방법

- 잠재구매력=1인/가구당 구매력×인구 수, 가구 수
- 매출목표=잠재구매력×목표시장 점유율
- 특징: 1인/가구당 구매력 측정이 비과학적이다. 경제상황 변수를 고려하지 않고 있다. 과학적 통계측정과 분석이 가능하면 유효하다.
- 연습
  - K지역 가구 수 19,000 가구당 평균 구매력 900,000원, 내년 목표 시장 점유율 20%
  - 내년 매출목표는?

마. 판매비용 역산법

영업매출의 이익률과 영업의 효과성 수준을 올리고자 하는 조직이 활용하는 목표설정 방법으로 단위 매출당 이익률 향상을 목적으로 한다.

- 매출목표=(고정비+목표이익)/한계 이익률(1-변동비)
- 특징: 시장보다는 비용과 이익에 초점, 상품에 대한 변동 이익률은 별도로 계산, 대리점은 변동비가 없으므로 평균 마진율도 응용
- 연습
  - 대리점 K의 고정비 3,000만 원, 목표이익 900만 원, 한계 이익률 25%
  - 매출목표는?

바. 상관관계 분석, 회귀분석에 의한 목표설정 방법
- 회귀분석 방법

- 원인이 되는 독립변수(인구)와 결과가 되는 종속변수(매출, 수요) 수요를 예측하거나 상관관계를 분석(매출액, 납기, 시장점유율, 품질, 가격, 기술수준, 기업규모 및 평가)
- Y=a+b×(1차 회귀 방정식)

$$a = \frac{\sum x^2 \sum y}{n \sum x^2 - (\sum x)^2} \qquad b = \frac{n \sum xy - \sum x \sum y}{n \sum x^2 - (\sum x)^2}$$

제품(n)	인구(x)	매출(y)	x^2	xy
A	117명	589	13,689	68,913
B	258명	1,380	66,564	356,040
C	136명	670	18,496	91,120
3개	511명	2,639	98,749	516,073

a=98,746×2,639−551×516,073/3×98,749−(551)²==−3,114,692/35,126=−89
b=3×516,077−511×2,639/3×98,749−(511)=199,690/35,126=5,685
A매출=−89+5,685×117=576

(8) 영업유형에 따른 매출목표 산정 방법

영업유형이 다르다고 영업 매출의 목표를 수립하는 방법이 다르다는 것을 의미하지는 않는다. 활용하는 데이터만 다를 뿐이다. 그리고 영업유형은 영업목표 달성을 위한 실행전략에만 영향을 주기 때문이다. 몇 가지 대표적인 영업유형에 따른 영업목표 수립을 알아보도록 한다.

가. B2C영업(소비재 영업−매장영업)의 매출 산정
- 매출향상=구매 고객 수×고객 1인당 구매 단가
  - 구매 고객 수
    타깃 인구×인지율×매장 접촉률×구매율

- 고객단가

   연간 구매횟수×1회당 구매점수×1점당 상품단가

- 각각에 대한 경쟁사 움직임 파악

- 전술-영업 프로모션 활동을 통해

   타깃 인구 수 증가 → 사용자 재검토, 가격 재설정, 사용기회/
   사용인구 확대

   인지율 증가 → 광고, POP, 캠페인

   고객단가 향상을 위한 구매횟수 증가 → 우량점포 중심, 우대
   조치, 다양한 프로모션 실시

   1회당 구매점수 → 복수 상품의 패키지화, 세일즈 화법 "하나
   더 구매?" 수량 할인 방법

- 매출을 올리는 데 가장 유효한 요소를 선택 그 요소에 집중하
   여 가장 효과적인 조치를 검토해 실행한다.

나. 생산재 영업의 매출 방정식

• 영업실무자: 매출(마켓 쉐어)=상담 커버율×승률

   - 상담 커버율: 시장의 전체 상담 건수(고객 수) 중 자사/영업사
      원의 상담건수 비율

   - 승율: 위 상담건의 성공비율

   - 쉐어율 증가

      • 누락되는 상담 건수 줄이기-상담을 놓치는 고객 줄이기

      • 잠재고객에 대한 네트워크 형성

      • 상담 기회의 발견과 영업활동 계획

   - 승률 향상

- 승률의 인수분해, 각 상담을 세부적으로 구분을 해서 영업의 진척도를 개발해 활용한다면 더 정확한 매출을 계산할 수 있다.
  - 고객 세그먼트별
    - 대형 고객: 커버율 고, 승률 저 ➔ 문제해결에 노력
    - 중소 고객: 낮은 커버율, 높은 승률 ➔ 새로운 기회 창출에 노력

다. 의약품, 제약영업

- 방문빈도×방문인지×방문효율×설명의 임펙트(설득력과 협상력)
  - 방문빈도: 실제 방문횟수/영업사원 수
  - 방문인지(고객의 기억): 고객의 자사 상품 기억 수/실제 방문 횟수
  - 방문효율: 의사, 약사에의 설명 수/인지방문 수
  - 설명의 임펙트(설득효과): 매출/의사에의 설명 수
    협상력➔매출조건이 이익률이 미치는 영향을 검토
    고객의 의사결정 프로세스 공략 능력
- 방문빈도 상승
  - 시간관리
  - 체제시간의 효율성
  - 루트/활동 사이클 관리
  - 외근 시간 증대

라. 대리점, 특약점 등의 매출 산정 방정식

- 특약점 담당: 특약점 커버율×자사 제품 매출 점유비율

- 유력 특약점의 자사제품 커버율: 담당지역 특약점들 내 자사 상품 점유율
- 각 특약점 매출 중 자사 제품의 비율
- 고객 확보율
  - 마켓 쉐어=커버율×인지율×시도율×반복 구매율

2) 채권관리 목표

영업실무자와 영업조직은 매출에 대한 대금회수를 별도의 목표로 수립을 통해 매출채권 관리수준을 향상시켜야 한다. 고객과의 협상 외 영업의 결과물인 영업이익률을 결정하는 또 하나의 수단이 매출 채권의 회수율을 올리는 것과 불량채권을 줄이는 것이다. 애써 영업을 한 결과가 부도 또는 부실 매출로 이어진다면 영업실무자이든 영업조직이든 바람직하지 않다.

이 채권관리에 대해서는 다양한 매출채권 회수 방법, 불량채권 회수, 거래처 신용조사, 채권보전, 부실채권의 강제회수 등이 있다.

4. 비재무적 목표

비재무적 목표에 대해 중요성을 두지 않거나 비중을 약하게 두는 영업조직과 영업실무자들이 의외로 많다. 이 비재무적인 목표의 수립과 달성은 항상 재무적 목표에 의해 우선순위가 뒤로 밀리는 것이 현실이다. 하지만 비재무적인 목표항목의 수준과 새로운 비재무적 목표

의 달성 정도는 재무적 목표의 달성에 핵심적인 역할을 한다. 이유는 비재무적 목표의 항목은 재무적 목표달성을 위한 핵심 영업역량과 영업 스킬이기 때문이다. 그리고 이 비재무적 목표의 달성은 시간이 오래 걸린다. 하지만 이 비재무적 목표의 수립과 달성에 소홀한 영업 조직과 영업실무자는 경쟁력 강화라는 측면과 재무적 목표달성이라는 측면에서 결국은 한계에 부딪치거나 실패를 경험하게 될 것이다.

비재무적 목표라고 해서 비재무적 목표 항목의 숫자와 통계 및 효율성을 무시해서는 안 된다. 비재무적 목표의 많은 부분은 영업 생산성(매출향상, 영업비용 절감, 영업효율화 향상, 영업이익률 강화 등)을 올리기 위한 영업활동의 강화가 주요 내용이다. 특히, 영업관리자들은 자사의 영업력 강화와 영업경쟁력 강화를 위한 영업실무자들의 역량강화와 영업활동을 관리하는 도구-개발, 코칭, 동행방문, 팀 영업 등의-로 활용하기 위해서도 비재무적 목표를 수립하고 관리해야 한다. 그리고 영업실무자들에게 있어서 비재무적 목표는 개인의 영업역량을 강화하고 전문가로서 자신의 경력관리를 위해서 반드시 알고 준비해야 하는 영업의 기술, 지식, 태도이다.

영업활동 목표와 역량개발 목표-사례: 방문영업의 경우 혹은 일대일영업의 경우

영업실무자의 영업활동 항목들과 그 수행능력은 자신의 영업목표 달성을 위해서는 반드시 수행해야 하는 영업활동으로 구성된다. 이 활동들에는 매일 수행하여야 하는 활동과 주 단위 또는 월 단위로 수행해야 하는 활동(상담, 전화, 방문약속 잡기, 제안서 작성, 고객 발굴

등), 때로는 분기별 혹은 반기별로 활동(활동성과와 효율 분석, 영업
비용과 이익의 분석 등)을 해야 하는 것이 있다. 지금부터 알아보는
활동들은 영업실무자의 기본활동 내용이다. 이 활동들의 수행능력과
실행수준은 곧 영업실무자의 영업목표 달성 여부와 영업효율성 향상
에 직접적인 관계를 가진다.

다음 그림을 통해 영업실무자의 비재무적인 목표인 영업역량의 내
용과 중요성(비재무적 영업목표 수립과 달성의 필요성)을 살펴보자.
다음 그림을 보면 방문영업 혹은 일대일영업 활동을 하는 영업실무
자가 고객을 처음 만나 계약 성사까지 총 6단계의 영업활동(1~5단계
는 영업활동, 6단계인 최종 상담은 협상)을 수행하는 데 각 단계의 성
공률(다음 단계로 진입하는 약속을 받는 숫자)이 50%이다. 이 영업실
무자의 영업사이클(영업목표 관리 기간)이 1개월이라고 할 때 매월 3
건의 계약을 성사시키기 위해서는 1단계 고객이 몇 명이 있어야 하고
2단계, 3단계…… 등 각 단계의 영업활동을 전개하는 고객이 몇 명이
있어야 하겠는가? 그리고 영업활동을 어떻게 전개해야 하는가?

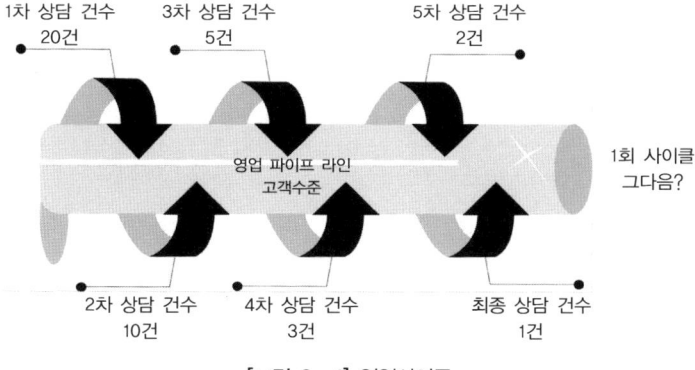

[그림 2-4] 영업사이클

이 영업실무자가 총 1개월간 방문해야 하는 횟수는 1차 상담 60건, 2차 상담 30건, 3차 상담 15건, 4차 상단 9건, 5차 상담 6건, 마지막 계약 3건이다. 이를 다 합하면 총 123건이다. 이것은 순전히 3건의 계약을 성사하기 위한 방문횟수(간단하게 설명을 하기 위해 성공률 50%에만 집중)이다. 물론 이 방문 건수 중 다음 달에 계약이 성사되는 건수도 있을 것이다. 그리고 영업실무자는 각 단계의 방문상담을 하는 것과는 별도도 상담준비에 소요되는 시간, 제안서 작성, 견적서 제출, 샘플준비, 추가적인 신규고객 발굴, 기존고객의 불만처리 등 다양한 영업활동을 함께 수행하여야 한다. 엄청난 업무량과 시간의 한계를 느낄 것이다. 하지만 이 한계를 극복하여야 유능한 영업실무자가 될 수 있을 것이다. 어떻게 할 것인가?

여기서 영업실무자는 비재무적인 목표로 자신의 영업활동 효율을 올리는 목표를 수립하고 달성하기 위한 노력을 해야 한다. 즉, 자신의 상담의 성공률(단계 진전율)을 향상시키고, 여러 가지 영업의 도구(제안서 등)를 준비하는 시간을 절약하기 위한 능력을 개발하는 것이 비재무적인 목표가 된다.

다시 한 번 위의 그림을 보자. 한 달에 123번 고객을 방문하여야 한다. 그럼 하루에 몇 곳을 방문해야 하는가? 또 방문 차수가 올라갈 때마다 영업의 자료 준비와 상담에 더 많은 시간을 투자해야 한다(단순한 1차 방문보다는 제안서를 제출하는 2차 방문, 샘플시연, 시승을 하는 3차 방문, 다른 이해관계자를 만나는 4차 방문, 흥정을 위한 방문 등 영업활동의 단계(차수)가 올라갈수록 더 많은 시간과 에너지를 투입하여야 한다). 따라서 자신의 영업활동 성공률(한 단계 상승할 때의 성공률)을 한 단계(50%에서 60%로) 올림으로써 영업실무자는 더 높은 목표달성도 가능할 것이다. 게다가 모든 영업활동이 한 번의 방문으로 다음 단계(차수)로 전개되지 않는다. 몇 번의 방문을 통해서 2차 상담이 3차 상담으로 전개된다는 것이다. 그렇다면 123회보다 더 많은 횟수의 방문이 불가피하다.

영업실무자에게 주어진 가장 큰 도전 중 하나는 이 활동의 수준(성공률)을 올리는 것이다. 이 수준을 올리는 목표들이 비재무적 영업목표들이다. 즉, 영업의 스킬을 향상하는 목표들인 것이다.

영업조직을 관리하는 관리자 역시 자신이 이끄는 영업실무자 개개인의 역량이 곧 영업목표 달성에 핵심요소가 됨을 인식하고 비재무적 목표를 소홀하게 여겨서는 안 될 것이다.

영업실무자 역시 자신의 영업사이클과 성과수준에 요구되는 영업활동의 수준 향상을 위해 비재무적 목표를 수립하고 그 달성에 노력하여야 한다.

앞의 그림에 나타난 영업활동의 비재무적 목표
• 방문효율
  - 일일 방문 건수
  - 체제시간·상담시간
  - 영업단계(상담 차수)별 상담의 질 향상
  - 상담도구의 수준 향상
  - 영업의 단계 진전 효율화
  - 시간 관리와 활동범위

이와 같이 영업활동의 방문효율(목적달성의 정도)에 대한 수준을 분석하고 이 수준 향상을 위한 비재무적 목표를 수립하기 위해서는 아래의 영업효율성 지표(대표적인 지표들, 자신과 자사에 맞는 지표 개발이 필요)를 활용하도록 하라. 이 지표들의 유용성을 향상시키기 위해서는 자사의 영업성과 향상과 목표달성을 위해 요구되는 핵심 영업활동들을 파악해 정기적으로 활동대비 성과분석을 하면 된다.

현실적으로 대부분의 영업조직과 영업실무자는 이러한 영업활동의 효율을 분석하지 않고 그 필요성도 잘 인식하지 못하고 있다. 이유는 여러 가지가 있다. 중요한 것은 이러한 영업활동의 효율성이 분석되지 않아서는 영업활동을 과학적이고 체계적으로 계획하고 성과관리를 할 수 없다는 것이다.

〈표 2-8〉의 영업효율성 분석 사례

활동내용	결과
1. 잠재고객 중 공략하기로 한 타깃 고객 수	(___)건 중 (___)건
2. 가망고객(타깃고객) 수 중 접촉을 한 고객 수	(___)건 중 (___)건
3. 제안서 제출 또는 프레젠테이션을 실행한 고객 수 중 계약에 성공한 수	(___)건 중 (___)건
4. 접촉한 고객 중 상담을 약속받은 수	(___)건 중 (___)건
5. 신규 거래처(수주)가 될 때까지의 방문 횟수	평균 ___ 회
6. 전화 건수 중 상담 약속을 받은 건수	(___)건 중 (___)건
7. 접촉한 고객 중 수주에 성공한 고객 수	(___)건 중 (___)건
8. 가망고객(타깃고객) 수 중 한 번이라도 방문한 고객 수	(___)건 중 (___)건
9. 수주한 고객으로부터 재수주를 받은 건수	(___)건 중 (___)건
10. DM/이메일 등을 받고 응답한 고객 수	(___)건 중 (___)건
11. 가망고객(타깃고객) 수 중 장래 수주 가능한 고객 수	(___)건 중 (___)건
12. 수주 고객 중 한 번 거래로 끝난 고객 수	(___)건 중 (___)건
13. 접촉한 고객 중 장래 수주가 가능한 고객 수	(___)건 중 (___)건
14. 수주 건수 중 VIP 고객 수	(___)건 중 (___)건

15. 접촉한 고객 중 단기(1월) 내 수주 가능한 고객 수	(___)건 중 (___)건
16. 수주 건수와 수주 금액	(___)건 중 (___)원
17. 장래 가망 고객 중 제안서 제출 또는 프레젠테이션 실행한 고객 수	(___)건 중 (___)건
18. 판촉 비용과 수주 건수	금액: 건수: 건
19. 유효방문 비율: 총 방문 건수와 수주 건수	(___)건 중 (___)건
20. 방문 구성: 총 방문 중 기존 고객 방문	(___)건 중 (___)건
21. 기존 고객 성공률: 총 수주 건수와 기존 고객 수주 건수	(___)건 중 (___)건
22. 상담 시간 비율: 업무시간 대비 상담 시간 비율	(__)시간 중 (__)시간
23. 상담 시간 효율: 수주 건수와 순수 상담시간	(___)건 중 (___)분
24. 접촉한 고객 중 수주성공 건수	(___)건 중 (___)건
25. 목표 달성률: 목표대비 달성률	(__)건 중 (__)건 __%

<표 2-8>의 항목을 모두 활용할 필요는 없다. 자사의 영업사이클 상의 핵심영업 활동과 자사 고객의 구매 프로세스를 효과적으로 공략할 수 있는 영업활동을 파악해 그 활동의 효율성을 분석하면 된다. 각 활동의 목적을 달성하는 시간과 방문횟수의 단축을 통해 영업활동의 효율성을 올리는 노력이 필요하다.

1) 기타 영업의 비재무적 목표들

(1) 고객 확보 목표

영업조직과 영업실무자의 목표는 항상 상승적이어야 한다. 이유는 상승된 목표의 달성이 개인이든 조직이든 성장의 기본이 되기 때문이다. 여기서 영업실무자들이 갖는 하나의 부담은 이 목표달성을 위해 기존고객의 관리만으로는 불가능하다는 것과 항상 새로운 고객을 발굴하거나 경쟁사와 비즈니스를 하는 고객을 자사로 전환하여야 한다는 것이다. 즉, 전년도의 계약고객(기존고객) 중 금년도에도 재구매를 하는 고객이 100%가 아니다.

예를 들어 전년도의 영업목표가 10억이었다고 하자. 그럼 금년도는 최소 10억 이상이 영업목표가 된다. 영업목표가 12억이라고 할 때 지난해 매출을 올려 준 고객 중 얼마나 재구매가 가능할까? 만일 기존고객의 재구매액이 7억이라고 한다면 금년도 목표 중 5억은 기존고객에게 추가로 판매하거나 신규고객을 발굴하여 그 고객을 대상으로 영업목표 5억을 달성해야 한다.

여기서 영업목표 12억 중 7억의 매출을 달성하기 위해서 기존고객관리라는 고객관리 목표가 주어지고, 5억의 추가 매출을 달성하기 위해서 영업기회 발굴, 신규고객 확보, 신규고객 발굴이라는 영업활동 목표가 주어진다.

- 신규고객 확보라는 영업목표를 달성하는 전략을 수행하기 위해서는 다음의 항목들을 고려하면 좋은 결과를 얻을 것이다.
  - 새로운 지역, 시장, 업종으로 진출
  - 기존 지역에서 추가 고객 확보
  - 경쟁사 고객의 자사 고객으로 유치
  - 사장(과거 자사와 거래를 하였으나 최근에 거래기 끊어진 고객)고객의 재고객화
  - 기존고객의 추가판매 또는 확대판매, 상승판매 등의 전략 수행을 위한 영업목표를 수립할 수 있어야 한다.

가끔 필자가 강의를 하면서 영업실무자들에게 기존고객의 재구매율을 물어보면 명확한 답을 하는 영업실무자가 드물다. 이만큼 영업활동의 모든 성과를 분석하지 않고 그냥 열심히만 하는 영업조직과 전문가가 많다는 것의 반증이다.

(2) 고객관리 목표

여기서 강조하는 영업활동 목표의 대상인 고객은 기존고객들이다. 기존고객을 관리해야 하는 이유로는 위에서 알아본 대로 재구매와 추가구매의 기회를 확보, 상승판매, 고객의 이탈을 방지하기 위해서이다. 그리고 영업실무자의 경쟁사들은 호시탐탐 영업실무자와 비즈니스를 하는 기존고객의 이동을 종용(다양한 마케팅 활동을 통해)하기 때문에 영업실무자는 전략적인 차원에서 기존고객을 효과적으로 관리하여야 한다. 고객관리를 위해서는 고객의 수준과 유형에 맞는 대응법이 필요하다. 필요하다면 추가적인 서비스를 개발·제공해 고객이 지속적으로 자사와 거래를 해야 하는 이유와 가치를 개발하고 알려야 한다.

기존고객의 관리방법은 인간적인 측면의 관리와 비즈니스 측면의 관리가 있다. 어느 하나라도 소홀히 해서는 안 된다. 고객관리에 대한 구체적인 방법에 대해서는 다음 시리즈에서 알아보도록 한다.

(3) 영업효율 목표(영업스킬 향상)

영업의 효율은 영업활동 비용 대비 성과이다. 영업비용에는 재정적인 비용(우리가 말하는 활동비, 접대비, 선물 등)과 비재정적인 비용(활동대비 성과, 고객 맞춤 제안서 수준과 작성시간, 시간투자, 기회비용 등)이 있다. 모든 영업활동에는 반드시 비용이 요구된다. 이 비용들에는 지불되지 않아도 되는 비용들, 줄일 수 있는 비용들이 많다. 영업조직과 영업실무자는 이러한 비용들을 파악하고 효율적으로 관리하여야 한다. 이를 위해서 조직 전체의 영업활동의 효율성 정도를 파악해 효율 향상을 위한 목표(영업스킬 향상)를 수립하여야 한다. 개인적인 영업성과가 중요한 영업실무자 역시 개인적인 차원에서 영업비용을 관리할 필요가 있다.

줄여야 하는 그리고 줄일 수 있는 영업비용에는 다음의 것들이 있다. 이 비용들은 영업활동의 비효율화로 인해 발생한다. 영업조직은 이러한 비용을 최소화할 방법을 찾아야 할 것이다.

- 잘못 작성된 제안서의 수정비용과 계약을 하지 못해서 발생하는 기회비용 그리고 제안서 준비 비용들(이 비용은 사실 엄청난 타격을 영업사원과 조직에 준다)
- 영업활동 지역의 비효율적인 스케줄-산만한 방문지역-로 인해 추가되는 비용
- 영업실무자가 임의로 제공하는 샘플과 서비스 비용(상품-판촉과 서비스의 무료 제공은 영업성과에 도움이 되지 않는다)
- 프레젠테이션 실패 비용 또는 비효과적인 실행비용-준비 비용 포함
- 잘못된 고객 선정으로 인한 활동비용인 기회비용
- 고객기업의 구매 관계자들의 공략 실패비용-잘못된 집중
- 고객과의 커뮤니케이션 실패 또는 오류로 인한 비용
- 과거 패러다임(영업은 발로 뛰어야 한다. 무조건 밖으로 나가라)으로 맨땅에 헤딩하는 비용-영업실무자의 동기저하, 깎아주는 영업 등
- 고객의 말은 무시하고 영업실무자의 일방 통행식 설득 등에 의해 발생하는 비용-고객의 거절, 저항
- 고객과 한 약속의 실행(상담 약속 불이행)이 이루어지지 않은 비용, 더 치명적인 비용은 영업실무자가 임시방편으로 테크닉을 발

휘해 고객을 설득하는, 즉 책임지지 못하는 것을 약속해서 발생하는 비용이 있다. → 고객의 불만증가 → 고객 이탈

- 동기부여가 되지 않은 상태에서 영업활동을 하는 데서 오는 영업실무자의 사기 저하 비용
- 영업협상 비용-이 영업협상 비용은 영업협상의 결과 계약서의 내용이 수정됨으로써 발생하는 모든 비용으로 영업협상능력의 향상을 통해 개선할 수 있을 것이다. 이 비용에는 배송비용, 반품에 대한 조건비용, 과도한 할인율 비용, 외상매출비용, 결제조건 비용 등 표준 계약서 내용의 변경에 따른 비용들이다.
- 고객관리 비용-무리한 접대비, 과도한 선물비 등
- 과도한 고객의 요구를 모두 충족시키고자 하는 욕구에서 발생하는 비용
- 고객의 불평, 불만 처리비용-상품과 서비스의 품질이 아닌 직원들의 태도에 따른 고객 이탈
- 영업대상의 대안(가망고객) 부족으로 인한 불리한 입장에서 비즈니스를 해야 하는 비용
- 신속한 고객 대응이 이루어지지 않아 발생하는 비용
- 팀 영업이 이루어지지 않아 발생하는 비용
- 내부 정보활용 미흡으로 놓친 기회비용-정보활용을 통한 경쟁우위의 기회 상실-고객에게 새로운 솔루션 제시 기회 상실 비용
- 조건영업(고객이 원하지 않은 상황에서도 일단 깎아 주면서 영업하는)으로 발생하는 비용
- 고객의 전화가 이 부서 저 부서로 돌아다니면서 발생하는 비용

영업조직과 영업실무자는 위의 비용을 줄이거나 제거하는 목표를 수립하여야 한다. 내용을 보면 명확해지겠지만 이 비용들 대부분은 영업스킬의 향상으로 줄이거나 제거할 수 있는 비용들이다.

영업조직과 영업실무자가 개발하고 관리하여야 할 비재무적 영업목표(영업의 효율화 달성)들을 정리하면 다음과 같다.

〈표 2-9〉 비재무적 영업목표

구분	목표	구성항목
상담 능력	상담 수준 강화	활동량, 시간, 체제시간, 신규개척, C/B급 고객 → A급 고객으로 진전시키는 비율
	방문활동 효율화	전략적 방문(방문의 목표관리), 방문빈도, 유효방문건수, 방문시간준수, 방문간격 적정화, 영업사이클 관리
	방문목적 달성률	적극성, 재고파악, 정보수집, 인간관계, 판촉활동, 주문 극대화, 판매경영지도, 고객 니즈 파악-지원, 고객 문제해결 지원, 고객 구매프로세스 관리와 공략, 다양한 영업도구 개발과 활용
	협상능력 수준	협상 준비, 협상 실행, 협상 커뮤니케이션, 설득, 고객의 요구 파악, 협상 전술 대응, 협상 결과의 수익성 수준
고객 활동	고객확대	신규고객, 잠재고객, 휴면고객, 대체고객, 미래고객
	고객관리	확대판매, 추가판매, 상승판매, 진열 점유율, 대리점 판매력 확대, 매출채권관리, 유통관리, 판촉관리, 이익관리
	고객지원	거래처 실적파악, 상품별 실적파악, 정보수시분석 판매촉진, 영업력 강화 지원, 마케팅 지원, 구매비용 지원
	고객서비스 강화	솔루션가치 강화, 고객의 구매활동도 지원, 부가가치 창출, 추천받기
영업 활동	상품지식 향상	상품지식, 경쟁업체 상품지식, 상품관련 지식
	판매기술 향상	상품 설명력, 설득력, 가격 협상력, 반대/거절 대응기법, 커뮤니케이션, 프레젠테이션, 의사결정 촉구 능력, 제안능력, 고객의 구매관계자 공략, 어프로치 화법
	신뢰관계 형성	매너, 인간성, 클레임 처리, 역지사지, 전문가로서 역량
	대고객 영향력 (유통영업)	판촉노하우 개발-제안-실행, 판매지도 및 판매원 교육, 경영지도, 컨설팅, 문제해결 능력
	팀 영업능력	팀 영업수행, 내부 자원/지원확보 능력, 팀 성과 기여
방문 전 활동	기회분석	정보수집 및 활용, 가망고객 발굴, 영업기회 발굴
	사전접근	초기접근, 방문약속, 접촉수단 활용

1. 영업실무자는 자신의 목표수립을 위해 다양한 자료를 활용하고 분석해야 한다.

2. 조직이 수립한 목표를 할당받는 과거의 패러다임에서 벗어나 영업조직과 영업실무자가 주도적으로 목표를 수립하도록 해야 한다.

3. 재무적 목표만큼 비재무적 목표도 매우 중요하다.

4. 비재무적 목표는 영업력 강화의 핵심이고 재무적 목표달성의 기초가 된다.

제2장
영업전략
수립은 이렇게 수립하라

　팀장님으로부터 영업목표를 할당받은 김수빈, 이젠 이 목표를 어떻게 달성할 것인가가 고민이다. 지난 분기에는 예상하지 않았던 고객이 구매해 주었고 몇몇 기존고객이 추천해 주어서 목표달성이 가능했었는데, 이번 분기에도 이런 일이 일어날지 의문이고 목표 또한 약간 상향되지 않았는가?

　일단 늘 하던 대로 열심히 일하다 보면 어떻게 되겠지 하는 생각으로 업무를 본다. 어느 날,

　팀장: "김수빈 씨! 시간이 되면 잠깐 이야기를 할까요?" 하면서 김수빈 씨를 부른다.

　김수빈: "예!" 하면서 일어나 팀장과 함께 상담실로 들어간다.

　팀장: "김수빈 씨 시간이 없으니 간단하게 이야기하지요. 김수빈 씨는 이번 분기 목표달성을 어떻게 할 겁니까? 일하는 것을 보니 예전과 달라진 것이 하나도 없는데. 영업보고서를 봐도 그렇고……."

　김수빈: "열심히 하고 있습니다. 늘 해 오던 대로……. 그리고 열심히 하다 보면 좋은 일이 있지 않겠습니까!"

　팀장: "누구나 갖고 있는 생각과 해 오던 대로는 목표달성에 한계

가 있지요. 김수빈 씨가 지난 분기에 목표를 달성할 수 있었던 것도 사실 분석해 보면 우연히 추가 판매할 수 있었기 때문인 것으로 나타 났는데, 이번 분기에도 그런 행운을 기대하는 것은 아니죠?"

김수빈: "예! 팀장님 사실입니다. 저도 어떻게 해야 할지 고민 중입 니다. 그 방법을 몰라서 일단 열심히는 하는데……."

팀장: "김수빈 씨가 열심히 하고 성실한 것은 나도 잘 알고 있다 네……. 문제는 그 성실성과 열심히 일하는 태도가 성과를 올리는 데 좀 더 집중할 수 있었으면 좋겠는데, 당연히 목표도 달성하고……. 그 래서 말인데, 이 자료를 읽고 목표를 달성하는 전략에 대해 정리해 팀원들 앞에서 발표하는 게 어때? 그럼 목표달성의 전략에 대해 명확 하게 알게 되고 또 다른 팀원들에게도 도움이 될 것 같은데……." 하 면서 두툼한 서류뭉치를 준다.

1. 영업전략의 기초

1) 영업전략의 내용

일반적으로 전략이라 함은 **"목표달성을 위해 요구되는 자원과 지 원을 효과적이고 효율적으로 확보하고, 목표달성에 영향을 주는 내·외부의 요소들에 대한 대응 및 활용방법과 구체적인 실행방법인 전술의 큰 틀을 짜는 활동"**이라고 정의한다. 어떤 목표든 그 목표달성 은 목표를 수립하는 것으로 또는 단순한 활동을 통해서는 달성되기 어렵다. 특히 오늘날과 같은 치열한 경쟁, 고객의 수준향상, 시장과 고객 및 경쟁의 범위와 경계의 확대 및 국제화, 고객의 전략적인 구매 등 격변하고 있는 영업환경은 목표달성을 위해 보다 전략적인 영업활동 수행을 요구한다. 따라서 이렇게 치열한 경쟁 환경에서 영업활동을 하는 영업실무자는 자신의 영업목표 달성을 위해 전략적으로 경쟁력 있는 영업활동을 기획하고 효과적이고 효율적인 영업활동을 수행할 수 있어야 한다.

영업전략이 필요한 이유를 좀 더 자세히 살펴보면 경쟁의 확대와 심화, 고객 수준(정보 접근성과 구매처의 다양화 등)의 향상과 고객 요구의 다양화, 고객의 전략적 구매, 시장과 산업의 변화와 트렌드, 기술적인 차별화의 한계, 영업목표의 지속적 증가, 경쟁사의 공격으로부터 자사 고객 보호, 경쟁사 고객의 탈취 및 신규고객 발굴 필요성 등이 있다. 특히 고객의 전략적 구매[구매비용을 줄이려는 목적과 전략(공동구매, 역경매 등)은 영업실무자들에게 큰 도전(고객유지와 매출 이익률 보호에)]이다. 이를 극복하기 위해서는 자사의 경쟁력(영업과 협상의 경쟁우위 요소)과 고객에 대한 지식뿐 아니라 고객의 트렌드, 경쟁사의 움직임, 대체재의 출현 여부 등에 대한 정보들을 활용한 전략적인 영업활동과 전략적인 영업협상 수행이 요구된다.

좋은 영업전략은 많은 고객 확보, 매출증대, 영업효율 향상, 고객 만족과 유지, 차별적인 영업수행 등을 가능하게 하여 영업목표 달성을 도와줄 것이고 영업의 이익률을 올릴 기회를 제공할 것이다.

이러한 차별화된 영업전략을 수립하기 위해서는 영업에 대한 패러다임[주먹구구식 영업, 맨땅에 헤딩하는 영업, 방문중심의 영업, 근성으로 하는 영업, 테크닉(과장되게 설명하는, 책임지지 못하는 약속을 하는, 임시변통의 영업을 하는)을 구사하는 영업, 비용을 생각하지 않는 영업, 접대영업(고객이 원하지 않는 접대를 영업실무자가 제안하는 경우)]부터 바꾸어야 한다. 따라서 지금부터라도 성공적인 영업을 위해 과학적이고 체계적인 영업목표 수립과 전략적 영업활동 기획 및 영업활동을 수행할 수 있어야 한다.

B2C영업실무자는 개인 차원에서 좀 더 분석적인 영업전략을 수립해야 한다. 보험영업이든 방문영업이든 자동차영업이든 시장과 고객은 항상 움직인다. 대리점 혹은 유통영업을 하는 영업실무자에게는 더 시장과 고객지향적인 전략 수립 능력이 요구된다. 필요하다면 대리점의 영업전략 수립도 지원할 수 있어야 한다.

고객이 찾아오는 금융상품의 경우에도 오늘날과 미래에는 고객을 찾아가는 방문영업활동을 전개해야 할 것이다. 물론 현재에도 기업금융영업을 담당하는 실무자들은 기업을 대상으로 방문활동을 하지만…….

어떤 영업활동이든 전략적인 사고와 활동계획 없이는 목표달성에 한계와 어려움이 있다. 이 장에서는 영업전략의 체계와 전략 수립 시 필요한 정보의 전략 수립절차, 고객의 유형에 맞는 전략, 세부전략, 전략 캔버스 완성 등에 대해 자세하게 알아보도록 한다.

2) 영업전략의 구조

영업전략은 조직의 경영목표 및 경영전략과 직접적인 관계를 가진다. 즉, 경영목표는 영업의 목표를 결정하게 하고 경영전략은 영업의 전략 수립에 영향을 미친다. 다음의 그림이 조직의 목표와 영업목표·전략의 구조이다.

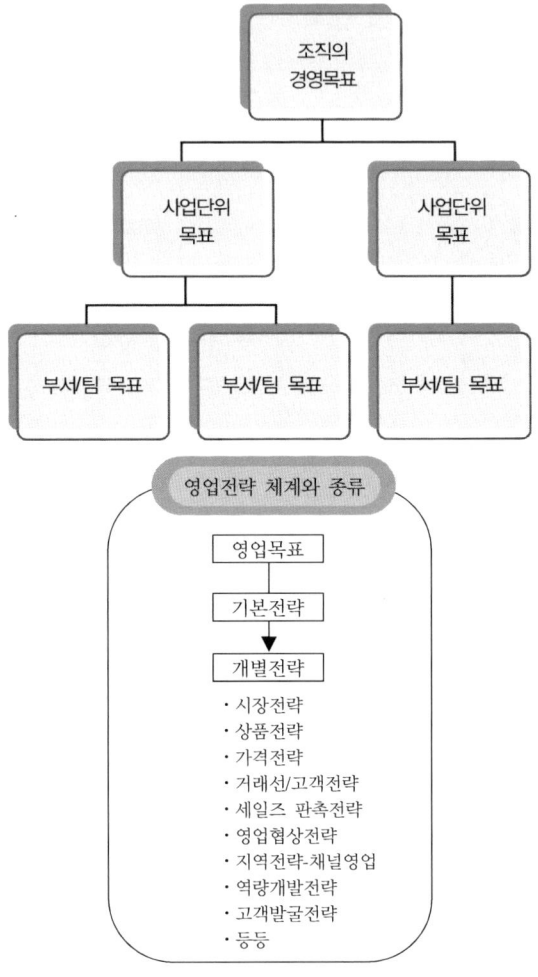

[그림 2-5] 영업전략의 체계와 활동전략

더 자세히 알아보면 조직의 경영목표는 목표달성을 위한 차별화된 그리고 경쟁력 있는 전략을 요구한다. 즉, 조직의 목표가 이익창출이 라고 한다면 이 목표달성을 위한 전략(이익창출의 방법인 원가를 줄 일 것인지, 매출을 올릴 것인지, 이익률을 강화할 것인지 등)이 수립

된다. 조직의 하부 기능으로 각 사업부는 사업부 단위의 이익창출 목표와 사업부의 이익창출 전략을 수립해 실행하여야 한다. 따라서 영업조직은 사업부 단위의 일선 기능부서로서 이 목표달성과 전략을 수행하는 실질적인 역할을 한다. 즉, 영업 조직의 목표와 전략 수준은 조직과 사업단위의 목표달성에 직접적인 영향을 미친다고 볼 수 있다.

그리고 영업조직의 목표와 전략은 영업실무자 개인에게도 영업목표를 수립(대부분은 할당)하게 하고, 그에 따른 영업활동의 내용(전략과 전술)을 기획하고 영업활동을 요구한다. 여기서 영업실무자는 자신의 역량과 고객유형, 활동지역 및 시장, 상품지식과 자사 및 자신의 장·단점을 잘 분석해 자신의 에너지를 집중하고 차별화할 구체적인 영업활동 전략을 수립하여야 한다. 또한 각각의 전략 수행을 위한 전술로 영업의 도구와 단계 개발, 그리고 그 수행력을 계획하고 실행하여야 한다.

영업을 책임지는 조직(영업팀, 영업부서 등)은 달성할 영업목표에 따라 영업의 기본적인 전략을 수립한다. 예를 들면 다음과 같이 영업목표와 기본 영업전략의 틀을 만든다. 영업실무자들은 이 틀을 기본으로 개인의 업무전략인 개별전략과 영업활동전략을 수립하여야 한다.

〈표 2 - 10〉 영업전략 내용

영업목표	• 매출목표: 410억 원 • 영업이익(전년대비): 10억 원 증가 • 영업 이익률: 10% • 신규상품 구성비율: 30%로 향상 • 신규시장 개척비율: 20% 확대
기본전략	• 기존고객의 체계적인 관리 → 확대, 추가판매 기회 확보 • 신규시장(고객) 확대 • 상품의 가치 증가 - 수익률 증가 • 고객 이벤트 강화, 판매채널 강화 → 신규상품의 시장 정착 • 영업비용 절감 → 효율적인 영업활동 • 협상력 강화 - 팀 영업활동

개별전략	시장 및 고객	• 고객 등급화와 집중 고객 분류 • 신규고객 확보 • 새로운 지역 시장고객 공략 • 기존고객 추가판매(신규상품)
개별전략	상품	• 기존 상품 A-10% 확대, D-10% 확대 • 신규 상품 B, C 각 10% 강화 • 상품의 가치강화 → 새로운 사용기회 발견 • 서비스 강화를 통한 가치개발: 기존고객을 대상으로 사용법 교육
	가격	• 가격: _% 인상 • 가격의 인상을 보상하는 서비스 제공 • 대량(10세트 이상) 구매 시 10% 할인 • 가격협상의 전략, 전술 강화
	채널	• 대리점 지원확대 or 관리 강화 • 대리점 ○○개 신규로 교체 등 • 직접판매 조직 확보 • 신규 유통채널 확보 → 홈쇼핑 등
	기타	• 영업활동 지역 통일: 업종 또는 지역별 집중 • 영업실무자에게 협상의 권한 위임 혹은 팀 협상 전개

위의 영업조직/팀의 영업목표와 전략에 기반을 두고 영업실무자는 자신의 영업활동전략을 수하여야 한다. 영업실무자의 개별 영업활동 전략의 틀은 다음과 같다.

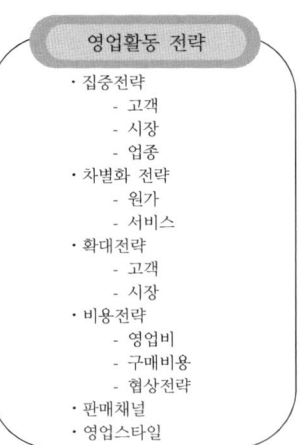

[그림 2-6] 개별 영업활동 전략들

영업실무자는 자신에게 부여된 영업목표 혹은 자신이 스스로 수립한 영업목표 달성을 위한 전략으로 집중할 고객, 시장, 상품, 서비스 등을 선택하여야 한다. 조직이 개발해 준 차별화 요소[거래 조건수정을 통한 결제조건 완화 또는 가격할인, 고객지원 차원의 서비스(상품 교육지원) 등]를 전략적으로 활용해 새로운 고객을 확보하면서도 기존고객의 경쟁사로의 이동을 막고 경쟁사의 고객을 자사의 고객으로 유치하는 고객개발과 관리전략을 수립/실행하여야 한다. 개인의 영업 활동의 수준과 내용 및 영업도구의 다양화를 통한 차별화된 전략도 수립해야 한다.

여기에 시장과 고객을 확대하는 전략 하나로 기존고객으로부터 추천을 받는 방법을 개발하고 이를 위해 전략적으로 고객을 관리하는 등 기존고객 관리수준을 향상시키는 노력도 필요하다. 영업의 이익률 목표에 기여하고자 영업비용을 절감하는 노력[활동 효율성 강화 등]도 요구된다. 자신의 영업스타일을 Push형(밀어내기식 영업, 판매하는 영업)에서 문제해결과 컨설팅형 영업[고객이 스스로 구매하도록 하는 영업(Pull 영업)] 활동으로 영업방식도 바꿔야 할 필요도 있다.

각 개별전략을 수립한 후 이러한 전략들을 일목요연하게 볼 수 있는 영업전략 캔버스를 작성한다. 이 영업전략 캔버스는 영업전략 수립의 마지막 산출물로 이해하면 된다. 그리고 이 전략을 기초로 구체적인 영업활동을 계획하는 것이 필요하다.

다음의 전략 캔버스는 최첨단 주방기기를 중심으로 수립한 전략이다.

<표 2 - 11> 영업전략 캔버스

전략내용 / 항목	옵션 1-집중	옵션 2-차별화	옵션 3-확대	옵션 4-비용우위 (영업, 구매비용지원)
시장, 고객 전략	1차: 고급식당 2차: 아파트 부녀화-개별구매, 공동구매	설치서비스	전원주택 신혼부부	배송지원-구매 영업비용 절감: 호별 방문 ➔ 이벤트 영업
가격전략	정찰제 가격전략 서비스 강화: 물류, AS기간, 수리기간 동안 대체품 제공 대량(10세트 이상) 구매 시 10% 할인			
상품전략	모델 A00234		모델 B0034	
채널전략	직접영업		대리점, 지사 확대-지역	
기타	고객의 고객분석 → 영업의 기회	전략적 제휴 정기순회점검		

2. 영업전략 수립 체계

영업전략 수립을 위해서는 다양한 자료와 데이터를 수집하고 분석하여야 한다. 오늘날에는 영업전략 수립과 실행에 영향을 미치는 요소들이 과거와는 달리 조직의 외부에 있는 경우가 더 많다. 영업실무자는 자신의 전략 수립과 실행에 영향을 미치는 요인이 무엇인지 파악한 후 거기에 맞는 정보수집을 하여야 한다. 영업전략 수립에 요구되는 자료와 데이터를 영업조직 내에 수집하는 데는 한계가 있기 때문이다. 자료수집을 위한 도구들로는 인터넷, 전문잡지, 뉴스, 지역정보지, 기존고객을 통해서, 통계자료, 보고서, 연구소의 발표자료 등 매우 다양하다.

영업실무자는 이렇게 수집한 자료를 적극 활용해 효율적으로 실행

가능한 전략을 수립해야 한다. 물론 시장과 산업의 흐름 등 환경에 대한 정보를 외부에서 수집하는 활동은 당연히 따라야 한다. 영업전략을 수립하기 위한 체계는 다음과 같다.

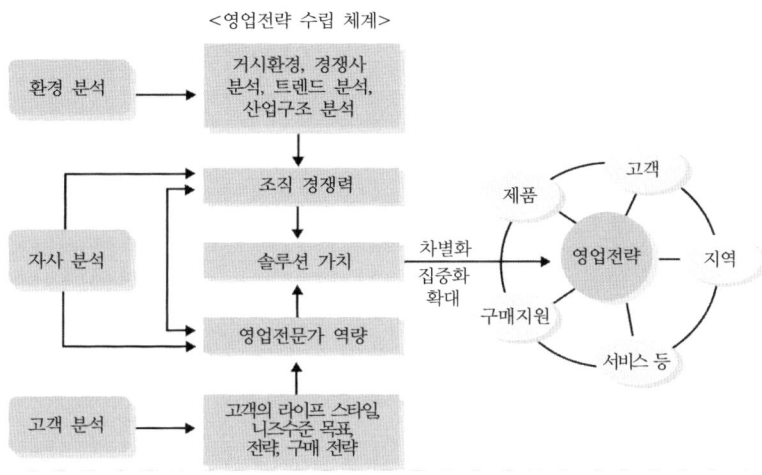

<영업전략 수립 체계>

[그림 2-7] 영업전략 수립 과정

영업환경 분석을 통해서 영업활동을 위한 기회(가망고객 발굴, 시장의 확대 등)와 위협을 분석한다. 산업의 경쟁구조와 5요소, 업종의 경쟁사의 움직임과 경영목표와 영업전략, 고객과 고객의 생활에 영향을 주는 대외적인 거시환경들의 변화 및 트렌드, 소비패턴 등을 이해함으로써 더 많은 영업의 기회와 위협을 파악할 수 있을 것이다.

특히 B2C영업활동을 하는 고객 중 기업고객(유통영업, 매장영업)은 고객의 경영목표와 전략, 그리고 경영방침들은 고객의 새로운 구매계획에 영향을 준다. 이것은 새로운 영업의 기회가 되거나 위협이 된다. 즉, 고객의 경영목표와 전략 수립에 영향을 주는 고객의 고객인 최종

사용자의 요구와 흐름, 그리고 고객의 경쟁사 동향, 고객의 기본 공급업체의 파워, 신규진입자의 존재, 대체재의 대두 등은 영업의 대상인 고객(영업의 타깃)에게 새로운 목표와 전략, 방침수립에 영향을 준다. 이러한 목표의 전략은 그 수행을 위한 새로운 자원을 필요로 한다. 이 자원은 내부에서 충분히 조달 가능한 것이 있기도 하지만 대부분은 외부에서 조달하여야 한다. 따라서 외부에서의 자원조달을 위한 구매요청이 발생하고 그에 따라 구매계획이 수립되며, 고객의 구매목표와 전략은 매우 중요한 영업의 기회(구매 가능성이 커지거나 위기·도전-경쟁과 협상 등)가 된다.

개별고객(소비자)의 경우에도 고령화 사회, 1~2인 가구증가, 정년연장과 제2의 삶, 전원생활의 확대, 개성중시 트렌드, 늦어진 결혼연령, 여성의 사회활동 증가, 전문가 시대, 노후대책의 필요성 대두 등의 거시환경과 사회 트렌드의 변화 등에서 영업의 기회와 위협을 파악해 영업전략수립에 활용할 수 있어야 한다. 이러한 변화는 고객들에게 자신의 라이프사이클 혹은 라이프스타일의 수준 향상을 위한 다양한 자원들의 구매가 필요하다. B2C영업실무자는 이러한 고객의 욕구가 어디에서 발생되고, 그러한 욕구를 자신의 영업 기회로 활용하는 능력이 요구된다.

다음으로 자사의 영업역량을 진단한다. 조직의 영업경쟁력(자사의 비즈니스 조건의 차별성과 우위, 시장 점유율, 이미지, 기술력과 품질 우수성, 차별화된 서비스 시스템 등)은 영업실무자에게 힘을 불어넣고 고객에게는 새로운 가치를 제공해 구매 의사결정을 지원해 주며, 영업실무자가 경쟁하는 경쟁사의 매력과 경쟁력을 떨어뜨린다.

상품과 서비스의 지식을 중심으로 개발한 가치를 고객에게 전달하는 다양한 도구개발과 활용능력, 커뮤니케이션 및 설득력 그리고 고객의 구매욕구를 자극하고 의사결정을 촉구하는 영업실무자의 역량 우위는 경쟁사의 공격으로부터 고객을 보호하고, 더 많은 고객 확보의 시금석이 된다. 물론 경쟁사의 고객을 자사로 전환하게 하는 힘도 있다.

영업조직과 영업실무자는 이러한 자료를 분석해 영업의 전략(집중 전략, 차별전략, 확대전략 등)을 수립해야 한다. 영업전략 수립에 요구되는 다양한 자료와 정보들에는 어떤 것들이 있으며, 그것들이 영업전략 수립과 영업활동 기획에 어떤 영향을 미치는지에 대해 하나씩 알아보도록 한다.

1) 영업전략 수립 기초

차별화되고 효과적인 영업전략 수립을 위해서는 단순한 숫자적인 감각과 영업실무자들의 경험치에 의한 전략 수립에서 벗어나 보다 체계적이고 분석적이며 과학적인 전략 수립이 요구된다. 이유로는 경쟁사와 고객들이 자신의 영업전략을 과거와는 달리 경쟁력 있게 수립하기 때문이다. 특히 고객들의 구매전략이 점점 과학적이고 경쟁적이며 목표(구매비용 절감)지향적으로 바뀌고 있기 때문이다. 고객들의 구매는 곧 비용이다. 따라서 이 구매비용을 줄이고자 하는 노력(공동구매, 역경매 등)은 가히 상상을 초월한다. 또 다른 이유로는 경쟁폭(글로벌 경쟁체제, 다양한 유통채널-홈쇼핑 등)의 확대이다. 마지막 이유로는 영업을 전략적으로 수행함으로써 영업활동의 효율화와 생산성 향상 그리고 영업비용을 줄일 수 있으며 영업의 이익률을 올리는 등의 영업목표를 달성할 수 있기 때문이다.

효율적이고 효과적인 영업전략을 수립하기 위해서는 다음의 정보와 자료들을 참고로 하는 것이 좋다.

(1) 환경분석

자사의 영업전략에 영향을 주는 요인들 중 거시적인 환경요인은 자사뿐 아니라 경쟁사, 시장, 그리고 고객에게 영향을 준다. 거시환경은 소비성향에도 영향을 주어 소비자(B2C)들의 트렌드와 구매형태가 변한다. 영업전략 수립을 위해서는 이러한 요인이 발생하는 거시환경의 변화와 트렌드를 분석하여야 한다.

예를 들어 최근 경기불황으로 자동차 구매 시 혜택을 주는 정부의 정책(세금혜택 등)이 자동차 시장과 관련 산업(전, 후방 산업과 소비자들에게)에 매우 큰 영향을 주고 있다. 최근에는 지속가능경영과 환경경영, 탄소배출권 등의 경영환경의 변화가 고객의 구매개념과 전략을 바꾸도록 하고 결과적으로 영업실무자의 영업활동과 성과에 영향을 미친다. 그리고 지속가능경영과 환경경영 등의 흐름은 시장에서의 소비유형에까지 영향을 미치고 이런 소비재를 생산하는 기업의 전략(생산목표와 전략, 마케팅 목표와 전략)에까지 그 파급효과를 미친다. 이와 같은 크고 작은 환경적인 요인들이 기업들에 영향을 미치고 그것은 곧 영업실무자의 활동과 생산성에 영향을 미친다.

영업실무자는 자사의 경영과 영업환경 산업 전반에 영향을 미치는 거시적인 환경을 정기적으로 분석하여 영업전략의 기초 자료로 활용하여야 한다. 이를 위해 아래의 시트를 적극 활용하기 바란다.

〈표 2‑12〉 영업전략 수립-거시환경 분석

분석항목	분석내용	영업목표와 전략에 미치는 시사점
정치적 환경		
경제적 환경		
사회적 환경		
법률적 환경		
문화적 환경		
기술적 환경		
기타		

(2) 경쟁구조 분석

거시적인 환경은 영업실무자가 속해 있는 산업과 고객, 경쟁사의 경쟁구조에도 영향을 미친다. 경쟁구조는 산업 구조에서 발생한다. 영업실무자는 자사와 상품의 경쟁구조 및 산업구조 분석을 통해 자신의 시장과 고객, 대체재, 신규진입자 등의 영향을 최소화하거나 적

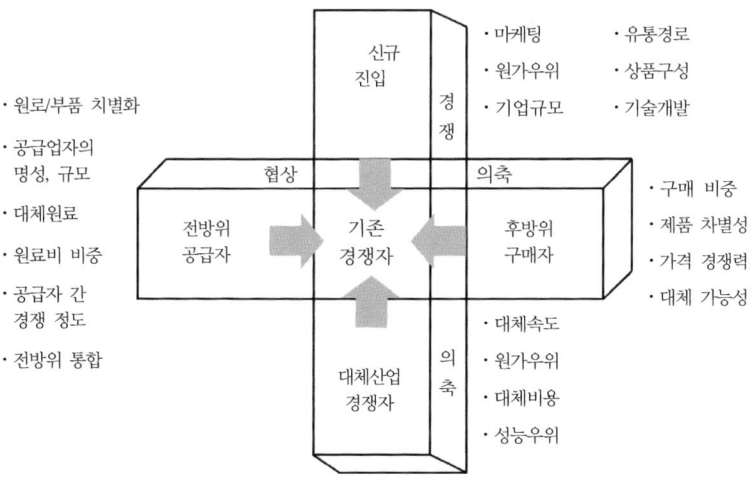

* 마이클 포터 '경쟁우위' 중에서

[그림 2‑8] 산업구조 분석

절하게 활용할 수 있어야 한다. 마이클 포터는 산업구조를 5가지 요소로 구분하여 설명하고 있다. 기존의 경쟁구조, 새로운 경쟁자의 출현, 대체재의 존재, 구매자와 공급자의 영향력으로 구분하여 산업구조를 분석한다.

영업실무자가 영업전략 수립을 위해 위의 산업구조 혹은 경쟁구조에서 분석할 내용을 구체적으로 살펴보면 다음과 같다. 각 요소의 경쟁상황을 분석하고 그것이 영업에 미치는 영업의 기회와 위협요인을 개발하면 된다. 그리고 유통영업을 하는 영업실무자는 자신이 담당하는 지역의 산업구조를 이 방법과 도구를 통해 분석하고 자신의 영업전략을 수립하는 데 활용하여야 한다.

〈표 2 - 13〉 산업구조와 영업전략

구분	경쟁항목요소	요소의 상황	분석		영업기회	영업전략
			유리	불리		
기존 경쟁자	산업의 성장성 고정비 수준 제품의 차별성 수요대응력 브랜드 지명도 전환비용 경쟁력 후퇴장벽 마케팅/영업전략					
구매자	구매자의 수 구매자 전환비용 구매비중/집중도 정보활용능력 대체품 선호도 가격 민감성 변화성향 구매력					

신규 진입자	규모의 경제 브랜드 지명도 차별성 전환비용 유통망 마케팅/영업력 비용우위 거시환경변화 경영전략				
자사의 공급자	원료차별성 전환비용 대체재 존재여부 공급자 집중도 공급량 전후방 통합 가능성				
대체재	전환비용 차별성 가격 고객의 성향				

각 경쟁요소의 상황이 어떻게 전개되는가에 따라 영업의 기회가 발생하기도 하고 영업활동에 위협이 발생하기도 한다. 영업실무자에게 유리한 상황이라면 당연히 기회가 될 것이고 불리한 상황이라면 위협이 될 것이다. 이 기회를 최대 이용하고 위협에 효과적으로 대응할 수 있는 영업전략 수립을 하여야 한다.

(3) 경쟁사 분석

영업전략 수립을 위해 경쟁사의 역량을 분석하는 것은 전략의 우수성과 성과를 올리기 위한 중요한 활동이다. 왜냐하면 경쟁사의 역량과 경쟁력은 곧 영업실무자의 영업성과에 영향을 주기 때문이다. 영업실무자는 다음의 항목들에 대한 경쟁사의 역량을 분석하고 평가하며 대응 전략을 수립하는 것이 필요하다.

<표 2-14> 경쟁사 분석

분석항목	자사	선두기업	동등기업	하위경쟁사
매출액				
매출이익률				
영업이익률				
경상이익률				
매출성장률				
가격				
품질				
마케팅전략/비용				
경영전략				
유통채널				
기술/개발력				
영업스타일				
재무구조				
고객의 평판				
강·약점				
전략적 시사점				

대리점이나 가맹점을 중심으로 채널영업활동을 전개한 영업실무자들 또한 자신이 책임지는 지역의 다른 경쟁사 점포들의 능력도 분석하여야 한다. 그 내용으로는 경쟁사의 점포분석을 위한 항목인 입지 경쟁력으로 점포크기, 접근성, 주차장 유무, 외관, 분위기 등과 상품 경쟁력으로 품질, 진열수준, 가격, 주요 고객 등의 분석과 마케팅 지원(소비자들을 Pull하기 위한)으로서 소비자 분석, 판촉행사 내용과 횟수, 수준, 본사의 지원, 서비스 수준, 직원들의 서비스 능력 등을 분석함으로써 자사의 고객을 위한 경쟁력 있는 영업전략(그래서 더 많은 매출을 올리도록 지원하는 판촉, 이벤트 등의 프로모션)을 수립할 수 있을 것이다.

(4) 제품구조 분석(자사와 고객, 경쟁사)

제품구조 분석은 제품의 시장성과 경쟁능력, 수익성과 시장 점유율 등을 중심으로 제품의 경쟁력 강화와 미래의 영업경쟁전략, 영업

투자 방향 등의 의사결정을 위한 분석이다. 이 분석 역시 자사뿐 아니라 경쟁사, 고객을 모두 포함해 분석하여야 한다, 그 방법으로는 익히 잘 알고 있는 BCG포트폴리오 분석법과 GE사업타당성 분석이 있다. 이 분석법은 마케팅전략에서 나왔지만 영업실무자는 자사상품의 시장 경쟁력을 파악해 고객들의 니즈와 영업전략에 집중할 상품 그리고 영업활동전략 수립에 활용하는 능력이 필요하다.

① BCG 포트폴리오 분석

시장 가치가 높은 상품을 판단하는 자료로서 시장 성장률과 상대적 시장 점유율을 중심으로 분석하는 방법이다. 시장 성장률은 상품의 연 성장률로 표시한다. 성장률이 높다는 것은 수요가 공급을 초과하는 상황으로 높은 가격과 이익을 누릴 수 있음을 의미한다. 상대적 시장 점유율은 자사의 경쟁적 강점을 나타내는 수치로 자사의 시장 점유율을 시장 점유율이 가장 높은 경쟁사의 시장 점유율로 나눈 값이다. 이 결과를 그림으로 표현하면 다음과 같다.

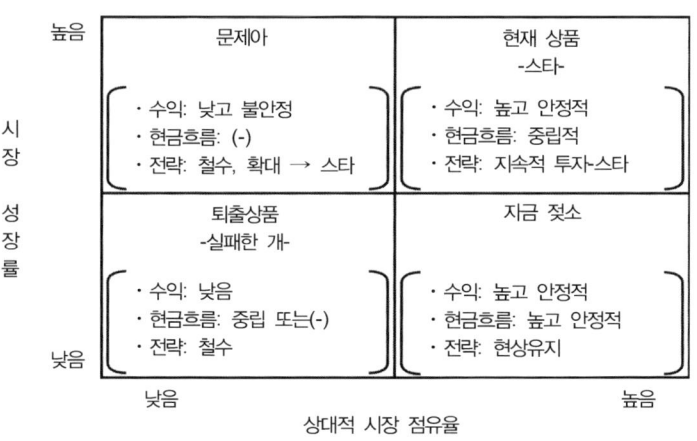

[그림 2-9] BCG 포트폴리오 분석

어느 기업이든 위의 분석을 통해 자사 상품의 시장 위치를 확인할 수 있고 그 위치에 따라 기업의 전략적 과제(특히 마케팅)가 도출된다. 이 전략이 자사의 경우 영업전략에 영향을 미치고, 고객의 경우에는 구매계기와 구매계획에 영향을 미치며, 이는 영업실무자에게 영업의 전략과 영업의 기회 발굴 또는 가망고객 발굴을 위한 영업전략적 시사점을 준다. 자사의 상품이 매트릭스상에 위치한 위치에 따라 영업전략을 다르게 수립하여야 한다. 다음의 표가 그 사례이다.

〈표 2-15〉 제품 위치와 영업전략

제품 위치	특성	영업전략 시사점
문제아	• 품질, 가격, 브랜드의 경쟁력이 낮음 • 성장성이 높으나 수익성이 낮은 • 초기투자의 위험성 • 신제품	• 다양한 판촉으로 상품 알리기 • 다양한 영업의 기회를 확보 • 진열공간 확보
스타	• 매출규모의 현저한 확대 • 시장의 반응이 좋아 주력제품으로 • 지속적인 투자가 요구 • 적극적 마케팅 활동	• 가격유지 또는 영업이익률 강화 • 추가 판매기회 개발 • 새로운 지역, 고객 확보
캐시 카우 자금 젖소	• 수익성이 낮아지고 매출은 최대 • 재투자 여유자금, 유보비율 확대 • 신제품 투자 시기 • 방만한 경영, 위기의식 실정	• 고객관리에 집중 • 서비스 개발로 고객의 충성도 확보
실패한 개	• 수익성 악화, 매출저조 • 만성적 적자 • 현금흐름 문제 • 재고, 가동률 문제	• 전략적 제휴: 다른 제품의 번들 제품으로 소진 • 구색 상품으로만 역할

특히 대리점이나 가맹점을 대상으로 채널영업활동을 하는 B2C영업실무자는 각 지역의 자사상품이 시장에서 보여 주는 매출구조에 따라 영업의 전략(주로 판매전략으로서 세일즈 프로모션 활동)을 다르게 적용하는 융통성이 필요할 것이다. 예를 들어 빵을 전문적으로

판매하는 가맹점의 경우 각 지역의 고객인 소비자 유형에 따라 소비되는 빵의 종류와 관련된 음료의 종류가 다를 수 있다. 빵을 구매하는 시간에 따라서도 각 매장이 특성(다른 소비자, 다른 상품 등)을 가질 것이다. 이러한 정보와 트렌드를 활용한 영업전략과 지원(세일즈 프로모션)은 좋은 성과를 올리는 데 기여할 것이다.

일반적인 소비제품, 금융상품, 보험 등도 그 제품이 시장에서 어디에 위치하고 있는 것인가에 따라 영업의 전략이 달라야 한다.

② GE사업 타당성 분석

사업의 강점을 중심으로 분석하는 도구로써 산업 매력도 지표와 산업 강점지표를 중심으로 분석하는 것이다.

- 산업 매력도 지표: 시장 성장률, 시장의 규모, 산업의 수익률, 산업의 경기 및 계절 민감도, 경쟁의 강도 등 기업의 외부요인
- 사업강점 지표: 시장 점유율, 매출 성장률, 가격(원가상 우위, 제품품질, 자금력, 고객) 시장에 대한 지식, 기술력 등 내부요인들
- 주관적, 각 평가항목의 가중치×평가점수=가중평가점수

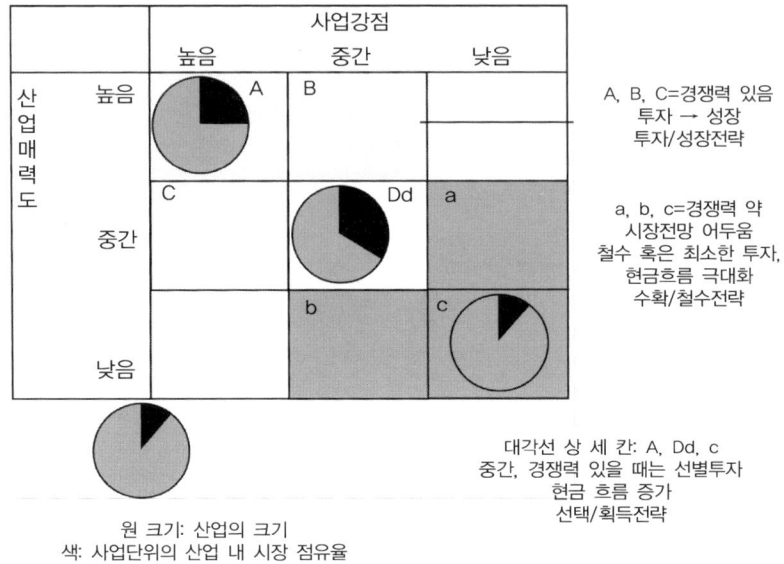

[그림 2－10] GE사업 타당성 분석

위의 BCG매트릭스 분석과 마찬가지로 자사 또는 고객사의 상품이 차지하는 위치에 따른 전략수행의 필요가 영업의 기회의 기회를 주고 영업전략에 영향을 미친다. 영업실무자가 자신의 영업전략 수립할 때 자사와 고객의 산업에 대한 지식과 상품의 전략적인 위치에 따른 영업전략을 수립하는 도구로 활용한다면 보다 경쟁력 있는 영업전략 수립이 가능할 것이다.

자사든 고객사든 A, B, C에 위치한 상품이 영업의 대상이라면 공격적이고 확대 영업전략 수립이 중심이 될 것이다. a, b, c의 경우 특히 영업실무자가 관리하는 기존고객이 이 위치에 있다면 새로운 가망고객 발굴 또는 기존 산업과 고객과의 거래관계만 유지, 수금관리 철저 등의 영업전략 또는 영업전술로써 영업활동 목표, 활동계획 등을 수립할 수 있을 것이다.

효과적이고 수행 가능하며 성공적인 영업전략은 자사의 역량만큼이나 거시환경의 흐름, 경쟁사의 전략과 규모, 산업과 시장의 흐름과 규모 등에 대한 정보에 영향을 받는다. 따라서 모든 영업전략은 이러한 정보를 바탕으로 수립되어야 한다. 전략은 상대를 이기는 방법, 상대에게 지지 않는 방법, 내가 원하는 목표를 달성하려는 방법, 적은 비용으로 목표달성의 방법, 미래의 존재 가능성을 높이는 방법, 미래에도 지속적으로 성장하는 방법을 개발하는 것이다. 전략은 상대적이다. 상대가 반응이 없거나 경쟁의 대상이 아니라면 그러한 상대를 두고 전략을 수립하지는 않는다. 우리의 전략이 그들에게 영향을 미치는 만큼 상대의 전략도 우리에게 영향을 미친다. 따라서 이러한 환경분석은 당연하다. 따라서 효과적인 전략 수립을 위해 관련 자료와 정보들을 분석하는 것은 당연한 일이다.

위의 거시환경과 산업구조/시장구조 분석 그리고 상품의 구조분석을 통해 영업실무자는 영업의 기회와 위협 요인을 파악한다.

〈표 2-16〉 영업의 기회와 위협분석

기회	
위협	

다음으로는 자사의 장단점을 분석하는 단계로 진입한다. 조직의 역량과 영업팀의 역량 그리고 영업실무자, 상품의 역량을 분석하여야 한

다. 이 역량들이 영업전략을 수립하고 전술수행을 위한 밑바탕이 된다.

(5) 자사의 경쟁력 분석

지금까지 영업전략 수립을 위해 요구되는 정보인 영업조직 외부의 요소로써 거시환경과 경쟁사, 산업의 구조의 특성과 전략적 시사점, 제품의 구조분석 등을 통해 영업의 기회와 위협 요소를 파악하였다. 지금부터는 이러한 상황을 활용하고 적응하며 적절하게 대응할 수 있는 전략 수립을 위한 자사의 영업력과 영업실무자의 영업역량을 분석하는 것에 대해 알아보도록 한다.

외부 요소들에 대한 정보를 아무리 정확하게 분석하였더라도 그 정보를 활용하는 것은 내부의 역량이다. 어떤 전략을 선택하고 어떻게 행동할 것인가에 대한 전체적인 그림을 그려야 하기 때문이다. 이를 위해서 영업조직과 영업실무자는 자사와 자신의 장, 단점에 대해 철저한 분석이 필요한 것이다.

특히 상품의 역량을 분석할 때는 모든 상품에 대해 한꺼번에 정보를 분석하면 그 분석자료의 가치가 떨어진다. 각 상품이 가진 장점과 단점 그리고 그 상품의 기회의 위협에 따라 영업활동전략과 전술이 달라지기 때문이다. 그리고 조직의 영업전략은 큰 틀에 맞춰지지만 영업실무자 개인의 영업전략은 상품에 따라 달라져야 한다. 따라서 모든 상품에 대한 전략은 별도로 수립해야 한다.

① 조직역량

조직의 역량은 영업전략 수립과 실행의 가장 중요한 요소이다. 강력하고 차별화되며, 경쟁상황을 극복하는 조직의 역량은 영업실무자에게 자신감을 준다. 고객 또한 경쟁력 있는 조직과 거래를 원한다.

조직의 역량은 영업활동과 성과에 영향을 주는 요소들을 개발한 후 그 요소들을 중심으로 분석한다. 즉, 경쟁사를 이길 수 있는 그래서 고객의 선택을 받는 차별화된 요소를 찾아야 한다. 조직의 산업구조 와 고객의 구매유형 그리고 영업유형에 따라 경쟁력의 요소들은 다 소 차이가 날 것이다.

다음의 표는 일반적으로 활용하는 조직의 영업역량 요소를 정리한 표이다. 이 표를 중심으로 자사의 경쟁우위 요소를 찾도록 하라. 각 조직의 영업환경의 차이에 따라 특수하게 요구되는 역량이 있으면 추가해 분석하라.

각 역량은 경쟁사 대비 자사의 경쟁우위 여부를 분석하는 것이 중 요하다. 역량의 중요성은 각 역량이 영업성과에 미치는 영향력의 수 준으로 각 역량이 영업목표 달성에 어느 정도 영향을 미치는지를 중 심으로 분석하면 된다.

〈표 2-17〉 조직역량 분석

조직(등급)	평가-경쟁사 대비					중요도-영업성과		
	매우 강함	강함	중간	약함	매우 약함	높음	중간	낮음
1. 기업평판	---	---	---	---	---	---	---	---
2. 시장 점유율	---	---	---	---	---	---	---	---
3. 고객 만족도	---	---	---	---	---	---	---	---
4. 고객 유지율	---	---	---	---	---	---	---	---
5. 제품 품질	---	---	---	---	---	---	---	---
6. 서비스 품질	---	---	---	---	---	---	---	---
7. 가격 경쟁력	---	---	---	---	---	---	---	---
8. 유통 경쟁력	---	---	---	---	---	---	---	---
9. 촉진 경쟁력	---	---	---	---	---	---	---	---
10. 영업사원 경쟁력	---	---	---	---	---	---	---	---
11. 시장 지리적 범위	---	---	---	---	---	---	---	---
12. 기타								

재무								
1. 자본	---	---	---	---	---	---	---	---
2. 현금 흐름	---	---	---	---	---	---	---	---
3. 재무적 안정성	---	---	---	---	---	---	---	---
생산								
1. 시설-생산능력	---	---	---	---	---	---	---	---
2. 규모의 경제성-원가	---	---	---	---	---	---	---	---
3. 기술-개발, 대응력	---	---	---	---	---	---	---	---
조직								
1. CEO의 비전	---	---	---	---	---	---	---	---
2. 관리자의 리더십	---	---	---	---	---	---	---	---
3. 사원의 동기부여	---	---	---	---	---	---	---	---

　　자사의 경쟁력이 경쟁사에 비해 강한 항목이 많을수록 더 다양하고 차별화된 영업전략을 수립하고 실행할 수 있다. 물론 고객의 선택을 받는 기회도 많을 것이다. 예를 들어 생산규모나 생산기술이 경쟁사보다 경쟁우위에 있다면 고객과의 거래에 있어 '우수한 품질', '차별화된 서비스 제공' 등의 조건을 유리하게 함으로써 고객의 선택 가능성을 높일 수 있다. 특히 이 능력은 영업전략 특히 영업협상의 설득 도구가 된다. 그리고 이 역량으로 경쟁사 고객을 자사로 이동시키는 목적, 기존고객의 이탈을 막는 목적달성을 위한 영업전략 수립과 영업활동이 가능할 것이다.

　　조직의 역량은 주로 영업협상의 우위 요소를 개발하는 자료이다. 조직의 역량으로 완벽하게 차별화된 그래서 경쟁사 혹은 대체재가 없는 상품을 생산한다면 이는 강력한 영업의 전략을 요구하지 않는다. 이유는 고객이 줄을 서서 구매하려 하기 때문에……. 하지만 이러한 기업과 상품은 거의 없는 것이 현실이다. 따라서 영업실무자는 조직의 경쟁우위 요소를 찾아 자사의 영업협상의 우위 요소로 만들고 이를 통해 경쟁사 대비 고객의 혜택을 늘리거나 고객의 구매비용을 줄여 줄 수 있는 전략을 수립하는 것이 필요하다. 이러한 노력은 더 많은 고객을 확보할 수 있는 중요한 역량이다. 차별화된 영업전략을 수립하고 영업활동의 효율성을 향상시키고자 한다면 자사가 가진 경쟁우위 요소를 많이 찾기 바란다.

② 영업팀 역량

영업팀의 역량은 영업조직/영업팀이 가진 영업목표 달성능력과 업무수행 역량이다. 이 또한 다음의 표를 중심으로 경쟁우위 요소를 찾도록 하라. 영업팀 역량은 영업전략의 수행역량인 전술, 즉 영업활동력과 직결된다. 조직의 역량에 영향을 받는 것도 사실이다. 오늘날의 영업환경은 영업실무자 혼자서 성과를 올릴 수 있는 상황이 아니다. B2C영업의 경우에도 때로는 조직적으로 영업활동을 전개하여야 한다.

영업팀은 영업실무자의 든든한 지원세력이 되어야 한다. 고객의 문제(영업의 기회)를 해결하기 위한 아이디어를 개발하고, 복잡한 고객의 구매전략과 구매프로세스를 공략하기 위한 영업활동을 전개하는 데 팀의 역량이 동원되어야 한다.

팀원(영업실무자)들을 동기부여하고 성공의 경험을 공유하며 실패를 분석해 교훈을 얻으며 이를 통해 서로의 영업역량을 강화하는 기회를 갖는 것도 효과적인 영업팀 내에서만 가능한 일이다.

〈표 2-18〉 영업조직/팀 역량 분석

경쟁사 대비 영업활동 역량 비교

영업조직 역량	평가-경쟁사 대비					중요도-영업성과		
	매우 강함	강함	중간	약함	매우 약함	높음	중간	낮음
1. 전략수립	---	---	---	---	---	---	---	---
2. 전략실행력	---	---	---	---	---	---	---	---
3. 가망고객 발굴	---	---	---	---	---	---	---	---
4. 영업도구 개발	---	---	---	---	---	---	---	---
5. 고객수준별 영업전략	---	---	---	---	---	---	---	---
6. 기존고객유지	---	---	---	---	---	---	---	---
7. 기존고객 재구매	---	---	---	---	---	---	---	---
8. 영업활동관리	---	---	---	---	---	---	---	---
9. 구매관계자 공략	---	---	---	---	---	---	---	---
10. 문제발굴능력	---	---	---	---	---	---	---	---
11. 상품/서비스 지식	---	---	---	---	---	---	---	---
12. 문제해결 제안 능력								
13. 팀 프레젠테이션 실행	---	---	---	---	---	---	---	---
14. 제안서 성과	---	---	---	---	---	---	---	---
15. 구매비용지원	---	---	---	---	---	---	---	---
16. 영업비용지원	---	---	---	---	---	---	---	---
17. 협상 시스템	---	---	---	---	---	---	---	---
18. 영업팀 리더십	---	---	---	---	---	---	---	---
19. 영업회의 성과	---	---	---	---	---	---	---	---
20. 팀 영업	---	---	---	---	---	---	---	---
21. 영업시간관리	---	---	---	---	---	---	---	---
22. 반대, 거절극복	---	---	---	---	---	---	---	---
23. 불평고객 → 정상고객화	---	---	---	---	---	---	---	---

　　여기서 5번째인 고객 수준별 영업전략은 크게 두 가지로 구분하여야 한다. 하나는 기존고객의 수준이다. 이 수준에 따라 기존고객에 대한 고객 관리전략이 수립된다. 기존고객의 수준은 거래 지속 가능성과 확대 가능성 등이 중심이 된다. 이 수준이 높은 고객을 많이 확보

하는 것이 영업력 향상에 큰 도움이 된다. 또 하나의 고객 수준은 상담 중인 가망고객의 계약 가능성을 의미한다. 어떤 영업상담이든 한 번의 만남으로 거래가 성사되는 경우는 드물다. 따라서 고객과의 상담 내용과 횟수, 그리고 고객의 반응에 따라 고객의 계약 가능성을 파악해 그 가능성의 수준을 올리는 영업력을 의미한다.

③ 영업실무자 역량

영업실무자는 현장에서 고객을 만나고, 상담하고, 고객의 문제를 진단하고 해결책을 제안하며 고객을 설득하여 제안-다양한 영업활동의 허락-을 받아들이게 하고, 마지막으로 협상을 전개하여 계약을 받는 등의 대고객 활동을 전개하는 영업목표 달성의 핵심자원이다. 그들은 조직이 수립한 영업목표를 달성하고 영업전략을 영업현장에서 실행하는 대고객 접점에 있다.

영업실무자의 역량을 곧 영업의 성패를 결정한다. 영업실무자의 역량도 영업유형에 따라 다르지만 기본적인 역량은 필요하다. 이 역량들은 어떤 영업활동을 하든 필요한 역량들이다. 아래의 표가 영업실무자의 기본 역량을 정리한 것이다.

〈표 2-19〉 영업실무자 역량 분석

	평가-경쟁사 대비					중요도-영업성과		
	매우 강함	강함	중간	약함	매우 약함	높음	중간	낮음
영업전문가 역량								
1. 전화 성공률	---	---	---	---	---	---	---	---
2. 고객 수준 향상 능력	---	---	---	---	---	---	---	---
3. 약속실행 능력	---	---	---	---	---	---	---	---
4. 목표달성 능력(전략수립)	---	---	---	---	---	---	---	---

5. 고객 성향 파악과 대응	---	---	---	---		---	---
6. 고객의 신뢰 구축	---	---	---	---		---	---
7. 내부 지원활용	---	---	---	---		---	---
8. 설득력, 프레젠테이션	---	---	---	---		---	---
9. 활동대비 성공률	---	---	---	---		---	---
10. 상담 주도 능력	---	---	---	---		---	---
11. 고객의 니즈 발굴	---	---	---	---		---	---
12. 위험파악과 대응							
13. 구매 담당자 공략	---	---	---	---	---	---	---
14. 협상 실행력	---	---	---	---	---	---	---
15. 영업도구 활용과 개발	---	---	---	---	---	---	---
16. 마무리 능력	---	---	---	---	---	---	---
17. 영업기회 발굴 능력	---	---	---	---	---	---	---
18. 상품지식-이익, 문제해결	---	---	---	---	---	---	---
19. 인간적인 매력	---	---	---	---	---	---	---
20. 자기관리	---	---	---	---	---	---	---
21. 비즈니스 지식	---	---	---	---	---	---	---
22. 스트레스 관리	---	---	---	---	---	---	---
23. 창조력-서비스·영업도구	---	---	---	---	---	---	---
24. 거절, 반대극복능력	---	---	---	---	---	---	---
25. 불만을 영업기회로 전환능력	---	---	---	---	---	---	---
26. 문제해결능력	---	---	---	---	---	---	---
27. 제안서 작성과 성공률	---	---	---	---	---	---	---
28. 시간관리	---	---	---	---	---	---	---
29. 팀 영업 수행능력	---	---	---	---	---	---	---

④ 상품역량: 상품의 가치

상품의 역량은 고객이 자사의 상품을 구매하는 궁극적인 문제해결과 욕구충족의 이유이고 조건들이다. 즉, 고객의 필요를 채워 주는 상품이 가진 존재가치이다. 품질의 우수성은 이 존재가치를 극대화하고 많은 고객의 문제를 해결하고 이익을 가져다 줄 것이다. 상품이 가진 각 기능과 성능들은-영업실무자가 일반적으로 말하는 SPEC-고객의 세부적인 문제들을 해결해 주고 편리함을 제공해 고객이 구매의 이익을 누리도록 해 주는 조건들이다. 상품의 이 가치들이 해결해 주는 문제와 제공해 주는 편리함이 많을수록 더 많은 고객에게 필요가 있고 더 많은 선택을 받을 것이다. 고객은 상품의 SPEC을 구매하는 것이 아니다. 이 SPEC들이 보장해 주는 문제해결과 편리함 그 결과로 얻는 궁극적인 이익(경제적, 비경제적 이익)들이 구매이유이다.

상품의 역량인 상품의 가치는 **'SPEC-문제해결/편리함-이익-근거/사례'**로 구성된다. 이를 우리는 상품지식 또는 가치개발이라고 제1부 제2장에서 강조하였다. 영업실무자는 자신이 제안하는 상품에 대해 깊이 있고 세부적이며 논리적이고 구체적인 지식을 갖고 있어야 한다.

〈표 2-20〉 상품 역량 분석

상품				
SPEC: 특성, 성능, 기능, 장점	문제해결, 편리함	이익	근거, 사례 (문제해결, 이익에 대한)	경쟁사 대비 우수성

2) SWOT 분석과 영업전략 과제 도출

지금까지 영업전략 수립을 위한 기본적인 지식과 전략 수립에 필요한 정보들에 대해 알아보았다. 이제부터는 영업전략을 수립하는 틀과 종류를 알아보도록 한다. 가장 기본적인 전략 수립의 틀은 SWOT 분석을 통한 전략 과제 도출이다. SWOT 분석 틀에 대해서는 많이 알려

져 있고 활용되는 도구이기 때문에 별도의 설명은 하지 않도록 한다.

　자사의 조직, 영업 팀, 영업실무자 강점과 약점은 거의 동일하지만 상품의 강점과 약점 그리고 영업의 기회와 위험은 상품과 고객에 따라 다르다. 따라서 기본적으로 조직에 대한 SW(강점과 약점) 분석의 틀을 갖고 각 상품의 SW 분석을 한 후 거시환경과 산업구조가 주는 영업의 OT(기회와 위협)을 분석한 후 상품별 영업전략을 수립하여야 한다. 모든 상품을 아우르는 하나의 전략은 무의미하다.

상품명:_____

내부환경 / 외부환경	강 점(S)	약 점(W)
	조직: 1. (팀) 2. 　　 3. 상품: 1. 　　 2. 　　 3.	조직: 1. (팀) 2. 　　 3. 상품: 1. 　　 2. 　　 3.
기 회(O) ① ② ③ ④ ⑤	· SO전략 - 확대, 집중 영업전략 영업전략 a. b. c.	· WO전략 - 세부, 틈새영업전략, 차별화, 서비스 영업전략 a. b. c.
위 협(T) ① ② ③ ④ ⑤	· ST전략 - 핵심역량강화, - 전략적 제휴 영업전략 a. b. c.	· WT전략 - 철수 - 소진전략-SP강화-일시적 영업전략 a. b. c.

[그림 2-11] 전략종류-SWOT 분석

위의 SWOT 분석을 통해 전략적인 시사점과 전략의 큰 방향을 결정한다. 자사의 강점과 영업의 기회 ➔ 확대, 집중전략, 자사의 강점과 영업의 위협 ➔ 핵심 역량 강화, 전략적 제휴 전략, 자사의 약점과 영업의 기회 ➔ 세부/틈새시장 침투전략, 차별화 전략, 세일즈 프로모션 전략 마지막으로 자사의 약점과 영업의 위협 ➔ 철수, 소진전략 혹은 강력한 세일즈 프로모션 전략의 수행 등의 전략의 방향(전략적 시사점들)을 결정한다.

3) 전략 캔버스

다음으로는 다음의 전략 캔버스를 완성하는데 여기서부터 구체적인 고객(기존고객 관리, 신규고객), 지역, 시장, 산업 등이 나타나기 시작한다.

〈표 2 - 21〉 전략 캔버스

전략종류 항목	옵션 1 - SO전략	옵션 2 - WO전략	옵션 3 - ST전략	옵션 4 - WT전략
시장전략				
가격전략				
고객전략				
상품전략				
채널전략				
기타				

위 전략 캔버스에는 집중할 고객과 지역, 시장, 확대할 상품과 지역, 차별화할 서비스 및 영업프로세스 개발, 필요하다면 전략적 제휴

또는 자사의 강점을 최대로 활용하고 재고물량을 처리할 특별 판촉
활동 등의 다양한 영업전략들이 개발된다. 전략 캔버스를 완성하기
위해서는 다음 장에 알아보는 개별전략 수립을 위한 분석도구를 활
용하는 것이 좋다.

그다음 단계로 위의 전략들을 수행하기 위한 과제도출을 한다. 과
제도출을 위해서는 영업의 목표를 다시 구분해 정리하는 것이 좋다.
각 목표달성을 위한 전략과 이 전략수행의 과제가 구체화되어야 하
기 때문이다. 이 과제도출에는 그 과제를 수행할 책임자를 선정하는
것이 중요하다. 물론 대부분의 전략수행을 위한 과제들은 모든 영업
실무자에게 할당될 것이다.

〈표 2-22〉 전략 수행을 위한 핵심과제 도출과 책임자

재무적 목표					
전략	핵심 역량	자원	전략과제-전술	전술의 실행순서	책임

비재무적 목표					
전략	핵심 역량	자원	전략과제-전술	전술의 실행순서	책임

1. 영업전략은 영업목표 달성을 위한 청사진이다.

2. 영업전략은 다양한 정보분석에서 시작된다.

3. 자사의 거시환경과 산업구조분석, 제품구조분석을 통해 전략 수립의 기회와 위협요소를 발굴해야 한다.

4. 자사분석(조직, 영업팀, 영업실무자 역량)을 통해 전략 수립의 장점과 약점을 파악해야 한다.

5. 전략 수립에는 과장된 정보, 불확실한 정보를 활용해서는 안된다.

6. 전략이 요구되는 것은 자원의 한계 때문이다. 따라서 효과적인 전략은 자원의 한계라는 장애물을 극복하고 영업목표 달성의 가능성을 높인다.

제3장
실행 가능한 개별 영업전략을 수립하라

팀장에게서 받은 자료를 검토, 분석하고 발표준비를 하면서 김수빈는 영업전략의 큰 틀이 무엇이고 이것들을 영업전략 캔버스에 옮기는 것에 대한 방법을 습득하였다. 그리고 그 내용을 팀원들에게 전달을 통해 전략의 중요성과 활용에 대해서도 새로운 시각을 갖게 되었다. 영업목표 수립과 마찬가지로 영업전략 역시 조직의 과제라는 것에 대한 선입견과 오해를 버리고 영업실무자 스스로 목표를 세우고 목표달성을 위한 전략 수립을 할 수 있는 능력이 절실하게 필요하다는 것을 알게 되었다.

그런데 문제는 이 전략은 큰 그림이고 영업실무자인 김수빈에게는 실제적이고 실천 가능한 영업활동계획이 필요하다는 것이었다. 영업실무자가 만나는 고객의 성격이 다르고 구매목적도 다소 차이가 있으며 고객의 거래유형과 스타일에 맞는 실제적인 영업계획-개별전략-이 수립되어야 한다는 것을 파악하였다.

특히 모든 고객에게 동일한 영업방식을 적용할 수 없다는 것을 알았다. 그렇다면 어떻게 고객의 가치를 분석해 영업활동을 집중할 고객을 선정하고 그에 맞는 개별영업전략을 수립할 수 있을까가 다음의 과제로 떠올랐다. 즉, 구체적인 영업활동을 집중할 고객과 그 집중의 내용을 결정할 단계이다.

이를 위해서 김수빈은 다시 한 번 팀장님의 힘을 빌리기로 하고 구체적인 고객 개별의 전략 수립을 위한 도움을 요청하자 팀장은 역시나 두툼한 서류뭉치를 꺼내 김수빈에게 건네준다.

팀장: "여기에는 자세가 고민하는 개별적인 전략을 수립하는 방법과 도구들이 들어 있다네. 앞서 와 마찬가지로 이 내용을 학습해 실천 가능한, 그리고 자네의 영업스타일에 맞는 영업의 개별전략을 수립하기 바라네……" 하면서 자료를 건네준다.

1. 개별전략의 종류

제2장의 전략 캔버스에서 개발된 영업전략 실행을 위한 실제적인 활동인 개별전략(영업활동 계획, 영업실무자 개별전략 수립)을 수립하기 위해서는 현재까지의 자사와 영업실무자 개인의 영업상황에 대한 다양한 성과(영업성과, 상품매출구조 등)를 분석할 필요가 있다. 매출구조, 이익구조, 고객의 수준, 고객별 이익 방향, 브랜드별 매출구조, 영업실무자별 매출구조 등을 분석하는 작업을 통해서 구체적이고 실제적인 영업전략을 수립할 수 있을 것이다. 제3장에서는 이러한 분석을 바탕으로 지역전략, 고객전략, 상품전략, 브랜드별 전략 그리고 고객관리전략에 대해 알아본다. 마지막으로는 영업실무자가 현장에서 직접 활용할 수 있는 26가지의 개별전략을 소개하겠다.

1) 지역전략

영업실무자는 자신이 맡은 지역에서 영업목표를 달성할 수 있는 전략을 수립하여야 한다. 일반적으로 영업실무자는 몇 개의 지역을 책임지고 영업활동을 전개한다. 물론 상품에 따라서 전국을 무대로 하여 영업활동을 하는 영업실무자들도 있다. 하지만 그들 또한 자신들이 집중하는 지역은 별도로 있을 것이다. 그리고 영업실무자가 활동하는 모든 지역의 매출이 동등하게 발생하지는 않는다. 매출이 향상되는 지역이 있는가 하면 매출이 떨어지는 지역도 있다. 때로는 새로운 지역이 추가되기도 한다. 특히 B2C영업 중 채널영업(Root Sales)의 경우 지역의 소득구조와 소비성향, 경쟁점포의 출현 혹은 철수 등의 다양한 변수들의 발생으로 매출 변동의 폭이 크다. 이 때문에 매출을 올리기 위한 다양한 판매촉진행사(인센티브, 유통업체 프로모션 등)를 기획해 실행하기도 한다.

계획한 영업활동의 효과적인 성과와 기타 판촉활동의 성공을 위해서는 우선 영업실무자가 맡은 지역의 매출 분포를 먼저 파악하는 작업을 하여야 한다.

아래의 표에서 보듯 A 지역이 가장 많은 매출을 올리고 매출성장에 대해서도 가장 높은 기여를 한다.

지역	전기매출액	당기매출액	증감률	구성비	성장 기여율
A	104,000	156,000	150.00%	0.4553	0.6829
B	98,700	125,000	126.65%	0.3648	0.4620
C	55,000	48,000	87.27%	0.1401	-0.1223
D	15,000	10,000	66.67%	0.0292	-0.0195
E	1,000	950	95.00%	0.0028	-0.0026
F	1,000	1,200	120.00%	0.0035	0.0042
G	900	1,500	166.67%	0.0044	0.0073
합계	275,600	342,650	124.33%	1.00	1.3008

A 지역이 이러한 매출을 올릴 수 있었던 원인이 무엇인지를 찾아야 한다. 반대로 지역 E는 매출이 가장 적고 지역 C는 매출이 가장 많이 떨어진 지역이다. 물론 이 두 지역에 대한 매출의 흐름에 영향을 미치는 원인을 분석하고 적절한 대응전략을 수립하여야 한다.

지역의 매출 흐름에 영향을 주는 요소는 매우 다양하다. 따라서 각 지역에 대한 영업전략은 당연히 달라야 할 것이다. 지역에 맞는 영업전략의 수립을 위해서는 그 지역의 매출에 영향을 주는 다양한 원인을 체계적이고 합리적으로 분석하는 것이 필요하다. 원인 파악 없이 목표달성을 위한 영업전략을 수립할 수는 없기 때문이다.

만일 지역 A가 매출이 올라간 이유가 ㉠ 자사의 세일즈 판촉활동 강화, ㉡ 경쟁사 점포의 철수 또는 판촉활동 감소, ㉢ 경쟁사의 가격 인상, ㉣ 자사의 가격 인하, ㉤ 지역의 특별한 상황-지역행사, ㉥ 인구구조의 변화, ㉦ 자사 영업실무자의 증원 등 이라면 각각에 대한 대응전략도 달라야 한다. 그리고 이러한 원인이 다음 연도에 어떻게 변할지도 예측해야 한다. 나머지 지역의 매출 동향과 원인에 대한 분석도 철저히 해야 할 것이다. 이러한 원인 중 긍정적인 요인과 부정적인 요인 등 다양한 내외적인 요인을 철저히 분석하는 능력이 중요하다.

다음으로 각 지역 내에 다수의 유통채널(지점, 대리점 등)이 있다면 각 채널별, 지점별 매출 동향과 그 원인도 철저한 분석을 통해 지역 내 지점별 영업전략(판촉지원, 이벤트 행사 지원, 교육지원 등등의 영업활동 강화)을 수립하여야 한다. 아래의 표는 여성의류를 판매하는 조직의 지역(신촌)의 매장별 매출 동향(2011년 상반기)이다. 이 표를 보고 매출동향의 원인을 분석하고 다음 연도 혹은 분기의 영업전략을 수립해 보도록 하라.

이러한 지역의 매출동향을 분석하는 데 필요한 정보는 지역신문, 지역 통계자료, 지역 연구소, 인터넷, 지역의 상권 흐름 분석자료 등을 활용하면 될 것이다.

〈표 2-24〉 지점(매장)별 성장 기여율

지점/매장	전기매출액	당기매출액	증감률	구성비	성장 기여율
A	124,000	156,000	1.2581	0.5036	0.6335
B	68,700	85,000	1.2373	0.2744	0.3395
C	57,000	48,000	0.8421	0.1549	−0.1305
D	15,000	17,000	1.1333	0.0549	0.0622
E	1,000	1,000	1.0000	0.0032	0.0032
F	1,000	1,300	1.3000	0.0042	0.0055
G	900	1,500	1.6667	0.0048	0.0081
합계	267,600	309,800	1.1577	1.0000	1.1824

2) 고객전략

고객이 자사와 영업실무자의 매출에 차지하는 비중과 매출성장에 기여하는 영향에 대한 분석은 영업전략 수립과 영업활동 계획 수립에 중요한 자료가 된다. 영업실무자는 자신의 활동량을 아무리 많이 늘리려 노력을 해도 한계-시간적, 물리적-가 있다. 따라서 자신의 제한된 시간과 노력을 집중해 목표달성에 기여할 수 있는, 그리고 자신의 역량을 집중할 고객을 잘 선택하는 것이 중요하다. 이 고객전략의 대상은 신규고객 발굴에도 중요하지만 기존고객의 관리도 매우 중요하다. 특히 B2C영업을 하는 영업실무자의 고객개발과 관리능력은 매출달성에 큰 영향을 미친다. 따라서 영업실무자는 자사와 자신에게 도움이 되는 고객은 경쟁사도 끊임없이 공략한다는 것을 알아야 한다. 따라서 영업실무자 자신과 조직에 가치 있는 고객은 전략적인 영업활동으로 관리하고 지원해 경쟁사의 공격에서 보호하고 자신이 피해를 입지 않도록 노력하여야 한다.

영업실무자는 자신이 영업활동을 집중적으로 할 구체적인 대상을 선정해야 한다. 보험영업을 한다면 전문직(변호사, 의사 등) 혹은 프리랜서, 여성 직장인, CEO 등을 구체적인 영업의 대상으로 정할 수도 있다. 영업실무자가 특정 고객군을 대상으로 택하는 것의 장점은 많다. 그들만의 공간과 네트워크를 형성할 수 있고 그들에게 맞는 서비스를 개발할 수도 있으며 그들에 대한 깊은 이해를 바탕으로 영업의 기회를 확대할 수도 있을 것이다. 자신이 집중할 상품은 선정하였다면 그 상품을 집중적으로 판매할 고객을 선정한다. 고객의 구매력, 트렌드, 접근 가능성, 고객군의 수준, 그들에 대한 이해도 등을 중심으로 영업실무자는 자신에게 맞는 고객군을 선정해 공략의 대상으로 선택하는 전략을 수립하면 된다.

아래의 표에 나온 자료를 중심으로 영업의 전략(특히 기존고객 관리전략)을 수립하여야 한다. 고객 B의 경우 매출이 떨어진 이유가 고객의 구매력 감소, 경쟁사로부터 일부 구매, 고객의 소비자 소비 성향 변화 등 때문이라면 각각의 원인에 대한 적절한 대응전략(고객 교체, 거래량 회귀, 새로운 업종 혹은 고객개발 등)을 수립하여야 한다. 물론 가장 중요한 A 고객의 경우 지속적인 비즈니스(추가판매, 교차판매, 추천받기 등)를 위한 고객 관리전략도 수립하여야 한다. 고객관리전략에 대한 구체적인 방법과 전술들은 뒤에서 알아볼 것이다.

〈표-25〉 고객별 성장 기여율

고객	전기매출액	당기매출액	증감률	구성비	성장 기여율
A	104,000	111,000	1.0673	0.3461	0.3694
B	98,700	95,000	0.9625	0.2962	−0.2851
C	55,000	88,000	1.6000	0.2744	0.4390
D	15,000	23,000	1.5333	0.0717	0.1100
E	1,000	1,000	1.0000	0.0031	0.0031
F	1,000	1,200	1.2000	0.0037	0.0045
G	900	1,500	1.6667	0.0047	0.0078
합계	275,600	320,700	1.1636	1.0000	1.2189

영업실무자가 자신의 매출목표 달성을 위해 신규고객을 발굴하는 노력보다 기존고객의 관리를 통해 매출을 올리는 데 비용이 1/6이 들어간다는 분석자료도 있다. 물론 신규고객도 기회가 주어질 때마다 지속적으로 개발하여야 한다. 따라서 고객전략에는 기존고객 관리전략과 신규고객 확보전략 두 가지를 별도로 수립하여야 한다. 신규고객을 개발하고 기존고객 관리를 위한 26가지의 전략은 뒤에서 설명할 것이다. 이 개별전략을 바탕으로 영업실무자 자신의 영업스타일과 고객과 시장의 동향에 따른 효과적인 전략을 개발하기 바란다.

3) 상품별 전략

(1) 상품의 이익 기여도 분석을 통한 전략

상품의 이익 기여도는 매출액과 더불어 매 계약건의 이익률을 분석하는 도구이다. 앞에서 여러 번 강조하였듯이 매출이 중요한 만큼 매출의 이익률 또한 매우 중요하다. 이익을 많이 남기는 상품의 매출에 집중하는 것은 중요하고도 필요한 영업전략이다. 앞으로는 매출액과 더불어 이익률을 함께 고려한 영업성과 관리를 하는 것과 영업전략을 세우는 것이 중요하다.

아래의 표에서 보듯이 지역과 영업실무자 그리고 상품의 매출구조를 분석한 결과 매출액은 PC가 당연히 많지만 이익률이 높은 복사기 매출에 집중하는 전략을 다음 연도에는 수립할 수 있다. 다음 그림에서 회색으로 표시된 부분을 보도록 하라.

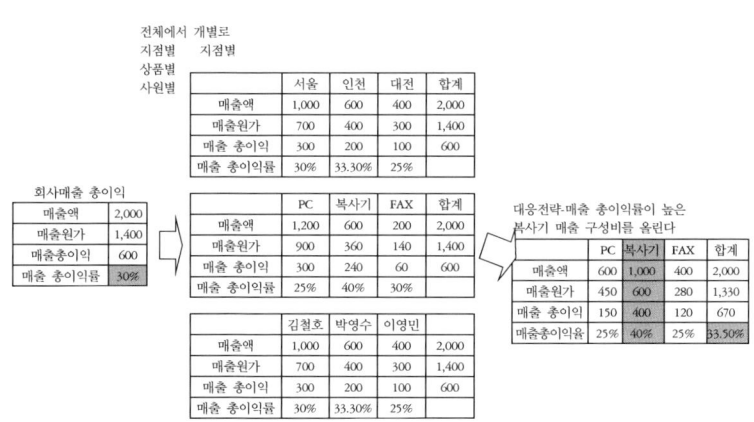

[그림 2-12] 기여도 분석을 통한 영업전략

영업전략은 조직의 경영목표 또는 경영방침과 직접적인 연관이 있다. 만일 조직의 경영목표 및 경영방침이 이익향상이라면 앞의 이익률 분석을 통해 영업전략을 수립하는 것이 좋다. 반면 조직의 경영목표 또는 경영방침이 매출향상이라면 아래의 매출과 성장기여도에 따라 상품별 영업전략을 수립하는 것이 그 방법이다.

하지만 조직의 목표에 관계없이 영업실무자는 늘 상품의 이익률을 분석해 적절한 영업전략을 수립할 수 있어야 한다.

(2) 상품의 매출에 따른 성장 기여분석을 통한 전략

〈표 2 - 26〉 상품별 성장 기여율

상품명	전기매출액	당기매출액	증감률	구성비	성장 기여율
A	54,000	56,000	103.70%	0.42	0.44
B	38,000	25,000	65.79%	0.30	−0.20
C	24,000	48,000	200.00%	0.19	0.38
D	8,000	10,000	125.00%	0.06	0.08
E	1,500	1,000	66.67%	0.01	−0.01
F	1,000	1,200	120.00%	0.01	0.01
G	900	1,500	166.67%	0.01	0.01
합계	127,400	142,700	112.01%	1.00	1.12

성장 기여도가 높은 상품은 대부분 제품의 라이프사이클 중 성장기에 있는 상품이다. 이 성장기에서는 고객확대, 시장확대도 일어나지만 경쟁사의 출현이 하나의 변수로 작용한다. 이러한 요소들을 고려해 영업실무자는 매출성장에 많이 기여하는 상품을 중심으로 목표달성을 위한 영업전략을 수립할 수 있어야 한다. 영업실무자는 항상

더 많은 고객과 시장을 확보하여야 하고, 까다로워지는 고객의 요구 사항을 해결하여야 하며, 특히 경쟁사와 경쟁을 해 고객을 확보하고 보호함으로써 목표를 달성할 수 있는 전략을 개발하여야 한다.

무엇보다 중요하게 기억할 것은 이러한 성장기여도가 높은 상품의 매출이 떨어져서는 안 된다는 사실이다. 제품의 매출 증가의 원인을 파악하고 분석해 그 성장의 흐름을 유지하고 확장할 수 있는 영업전략이 필요할 것이다.

상품별 영업전략을 수립할 때 검토하면 도움이 되는 또 하나의 중요하고 가치 있는 자료는 상품의 경쟁력이다. 상품의 경쟁력은 영업전략 수립에 큰 이점을 제공한다. 상품의 경쟁력이 있다는 것은 소비자, 고객의 선택을 많이 받는다는 것, 경쟁사들이 쉽게 공략을 할 수 없다는 것, 영업실무자에게 자신감을 준다는 것, 좋은 조건으로 판매할 수 있다는 것, 다른 고객의 추천이 많다는 것 등등의 많은 장점이 있다. 상품 경쟁력에는 상품 고유의 품질과 기술적인 우위(성능, 기능, 특성 등), 사용처의 다양함 등이 있다. 상품의 회전율과 수익성을 중심으로 아래의 매트릭스를 이용해 상품의 경쟁력을 분석하고 그에 합당한 영업전략과 전술 수립에 활용하도록 하라.

제품 회전율은 매출액 대비 평균 재고액(매출액/평균 재고액)으로 분석한다. 회전율이 높다는 것은 제품이 얼마나 팔렸는지 판매효율을 나타내고 또 제품에 투입된 자금이 얼마나 빨리 회수되었는가를 나타내는 자료이다.

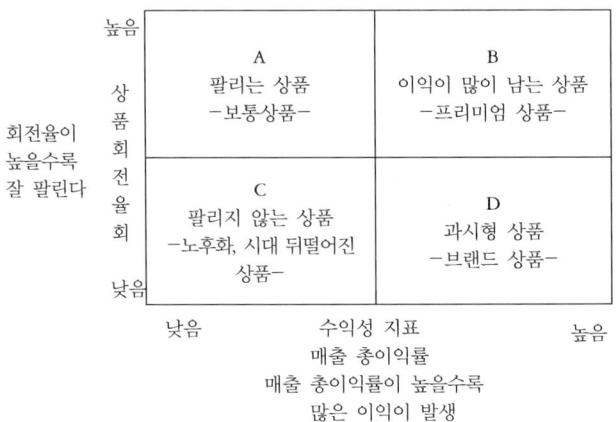

[그림 2-13] 상품 경쟁력과 영업전략

영업실무자는 자신이 취급하는 상품이 위의 매트릭스상에서 어디에 위치하는가를 분석해 그에 적합한 영업전략을 수립할 수 있어야한다. 각 사분면에 따라 활용할 수 있는 대표적인 영업전략은 아래표를 참고하라.

〈표 2-27〉 상품 경쟁력과 영업전략

상품 A - 영업전략	상품 B - 영업전략
세일즈 프로모션 확대 차별화, 서비스 강화 전략 기타 독자의 전략	집중전략, 확대전략 전략적 고객관리전략 기타 독자의 전략
상품 C - 영업전략	상품 D - 영업전략
한시적 세일즈 프로모션 용도개발-신규시장, 고객 철수 기타 독자의 전략	차별화, 틈새고객전략 가치강화전략-브랜드 가치 집중적 고객관리전략 기타 독자의 전략

4) 브랜드별 전략

한 상품 내에서도 여러 개의 브랜드가 있다. 각 브랜드는 고객과 소비자들의 니즈와 선호도에 따라 매출구조가 다르다. 특히 B2C고객은 이러한 브랜드의 이미지에 민감하게 반응한다. 기업들이 마케팅 활동으로 광고에 대대적인 투자하는 이유는 이 브랜드 이미지를 구축-유지-강화함으로써 더 많은 고객을 유치하기 위한 목적에 있다. 그리고 영업실무자의 영업활동에도 지원하려는 목적이 함께 포함되어 있다.

많은 브랜드를 중심으로 영업활동-특히 가맹점이나 대리점 등 채널 영업-을 하는 영업실무자는 각 상품 내 브랜드의 매출구조를 면밀히 파악하는 것이 중요하다.

<표 2 - 28> 브랜드별 성장 기여율

브랜드	전기매출액	당기매출액	증감률	구성비	성장 기여율
A	44,000	56,000	127.27%	0.22	0.29
B	98,700	125,000	126.65%	0.50	0.64
C	55,000	48,000	87.27%	0.19	−0.17
D	15,000	16,500	110.00%	0.07	0.07
E	1,000	1,000	100.00%	0.00	0.00
F	1,000	1,200	120.00%	0.00	0.01
G	900	1,500	166.67%	0.01	0.01
합계	215,600	249,200	115.58%	1.00	1.18

이러한 상품을 중심으로 매출목표를 달성하기 위한 영업전략은 시장 혹은 고객을 대상으로 다양한 세일즈 프로모션, 고객 세분화와 타

깃 고객 선정, 고객에게 자상 상품을 어필하는 포지셔닝의 결정 등의 방법과 기술이 요구된다. 채널영업의 가장 큰 특징은 지역별, 매장별 소비자의 소비성향과 욕구가 다르다는 것이다. 이를 무시한 일괄적인 영업전략-지역적인 특성을 고려하지 않은 본사의 마케팅, 홍보, 프로모션 전략 등-은 성공률이 낮다. 중요한 것은 매장에 진열된 상품을 지역 소비자들에게 어필할 수 있는 메시지를 전달해 소비자들을 매장으로 유인하고 쉽게 구매결정을 할 수 있는 방법(체험, 샘플, 경품 등)을 찾아야 한다는 것이다.

고객을 직접 만나 상담을 전개하고 영업성과를 올리는 B2C영업의 경우에도 많은 제품이 있다. 그리고 이 제품들 내의 각 브랜드는 고객의 소비성향, 트렌드, 구매력 등에 따라 매출구조가 다를 것이다. 당연히 고객에 따른 영업전략도 달라야 한다. 중저가 제품의 브랜드와 고가 제품의 브랜드를 구매하는 고객은 다르다. 이 고객의 수준에 맞는 개별 영업전략이 필요하다.

2. 고객관리전략

지금부터 알아보는 고객관리 전략은 기본적으로 기존고객을 대상으로 한다. 기존고객 관리가 영업의 목표달성에 미치는 영향은 더 이상의 설명이 필요 없을 정도로 중요하고 영업실무자 또한 그 사실을 명확히 알고 있을 것이다. 고객의 수준(이익고객, 광고탑고객, 비용고객)에 따라 고객을 관리하는 전략 또한 달라야 할 것이다. 먼저 고객관리의 목적과 그 방법으로써 전략에 대해 알아보도록 한다.

(1) 고객관리를 해야 하는 이유와 필요성

- 지속적인 거래 유지 및 확대를 위해
- 경쟁사의 공격으로부터 자신의 고객을 보호하기 위해
- 경쟁우위 확보-고객의 충성심 얻기
- 우수 고객 유지 및 이탈고객 방지
- 고객 평생가치(LTV)의 차이와 평생가치를 강화하기 위해
- 고객의 지갑 점유율의 확보
- 고객지향의 비즈니스 강화로 이윤창출
- 고객의 비즈니스 동반자 관계구축으로 장기적인 거래관계 유지
- 고객을 습관화시켜 전환비용의 극대화 ➜ 이탈 방지
- 고객의 선택 다양화와 개인화로 전환의 용이함을 제거
- 추천을 통한 영업활동력 강화의 가치가 있음

(2) 고객관리의 목적

① 기존고객

- 확대판매: 기존 거래량의 확대
- 신규판매: 새로운 상품의 추가판매
- 연관판매: 기존 상품의 부속품, 액세서리를 판매
- 상승판매: 상품의 수준을 올리면서 판매
- 가치판매: 전략적 제휴를 통한 타사의 제품을 자사의 제품과 연결해서 판매
- 기존 거래의 유지
- Life Time Value-개인, B2C영업 시 고객의 생애가치를 진단하고 효과적인 관리를 통해 자사의 매출로 연결

- Product Life Cycle 관리를 통한 성장속도의 지속과 사이클 중 쇠퇴기로 가는 시간을 연장하기
- 고객의 지갑점유율-구매비중- 강화

기존고객 관리를 위해서는 아래의 표를 활용하도록 하라.

〈표 2-29〉 고객 수익성 관리

고객 명	최근 구매	구매빈도	구매량/1회	구매특성	관리 방법

〈표 2-30〉 고객 Life Time Value

고객 명	고객정보			예상 기회	활용방법
	연령: 취미: 직업: 지역: 학력:	가족구성 수: 딸: 아들: 기타: 특성	주요 구매 상품: 구매방법: 구매시기: 구매빈도: 구매량:		

고객의 생애가치는 다음의 그림과 같은 가치가 있다. 고객을 처음 확보할 때는 이익보다는 비용이 많이 들어간다. 하지만 이 고객의 지속적으로 관리해 추가적인 비즈니스가 일어난다면 고객획득비용은 급속하게 감소하고 그에 따라 이익 수준이 올라간다. 일정 시간이 지나면 고객 획득비용은 0이 되고 이익은 급상승한다. 이 수준까지 가는 것이 B2C고객을 대상으로 영업활동을 하는 조직과 영업실무자의 궁극적인 목표이다. 게다가 이러한 생애가치가 높은 고객은 추천 등

의 방법으로 자신의 가치를 더 강화하는 성향이 있다. 따라서 영업실무자가 고객을 전략적으로 관리해야 하는 것은 지상 과제로 생각하고 고객관리 활동을 수행해야 할 것이다.

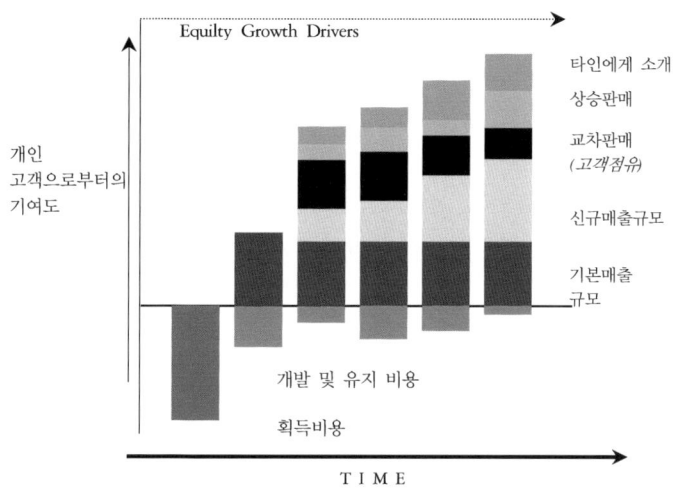

[그림 2 - 14] 고객의 생애가치

② 사장(死藏)고객

여기서 사장고객은 과거 일정 기간 자사와 거래해 오던 고객이 어떠한 이유인지를 모르지만 거래가 끊어진 것을 일컫는다. 이들은 자사와 과거 거래 경험이 있기 때문에 복구 불가능한 이유로 거래가 끊어진 경우가 아니라면 다시 자사의 고객으로 확보할 수 있다.

자사와의 거래 단절 원인 파악 ➜ 해결개발 ➜ 새로운 제안 ➜ 자사 고객화에 성공함으로써 영업의 새로운 기회를 확보하는 것이다. 사장고객이 떠난 이유가 자사의 현재 능력으로 해결할 수 있는 문제(과거의 문제)였다면 좋은 기회가 될 것이다. 따라서 고객관리의 폭을 넓혀 영업활동을 전개하는 것이 필요하다.

조직 내에는 이러한 사장고객이 생각보다 많이 있다. 따라서 일정 기간 자사 고객의 흐름을 파악해 수익성이 좋고 거래가 가능한 사장 고객을 영업활동의 대상으로 개발하도록 하라. 좀 더 자세한 공략법은 이어지는 영업기회 발굴에서 설명하였다. 이 사장고객도 영업실무자는 관리 대상을 활동한다면 의외의 좋은 결과가 나올 것이다.

③ 신규고객

신규고객은 영업의 대상으로서 경쟁사와 거래를 하고 있을 수도 있고 그렇지 않을 수도 있다. 자사와 한 번도 거래를 한 적이 없는 고객이 신규고객이 된다. 이러한 신규고객을 관리하는 목적은 곧 영업활동을 계획하는 것이고 영업성과(계약)의 가능성을 올리는 것이 목적이다.

이 신규고객의 관리는 영업의 가능성을 두고 영업활동을 계획하는 방법으로 관리의 방향을 잡으면 된다.

어떤 고객이든 고객은 자신의 필요에 의해 자사와 비즈니스를 한다. B2B영업도 B2C영업도 마찬가지이다. 이것을 재차 강조하는 이유는 영업실무자는 항상 고객을 만나고 고객과 커뮤니케이션을 통해 영업목표 달성을 위한 영업활동 계획을 수립할 때 고객의 필요와 자사의 상품을 연계하는 사고를 가져야 하기 때문이다. 고객의 필요는 때로는 영업실무자에게 최고의 이익을 안겨 줄 수도 있다. 고객이 긴급한 경우에는 협상하지 않고 자사의 상품 또는 서비스를 구매할 것이기 때문이다. 이러한 경우 협상전략이 필요 없을 수도 있을 것이다.

따라서 영업실무자가 접촉하는 모든 고객 특히 기존고객을 전략적으로 관리를 위해서는 다음의 시트를 활용해 기본 정보를 수집하고 그에 맞는 전략을 개발하는 것이 중요하다.

〈표 2‑31〉 고객관리 시트

	고객명과 거래정보		거래성과	
고객 정보	고객명: 성별: 나이: 직업: 구매성향: 기타정보:		구매상품: 구매이익: 의사결정자:	
	거래속성	확대가능성	유형	
	안정성 지속성	왜	광고탑, 이익고객, 개발고객, 비용고객	
고객 관리	단순방문	5W1H		
		성과파악과 자료화, 성과 축하		
	비즈니스	유지	문제, 불평 파악과 해결	추가지원
			성과파악과 자료화	
		확대	정보(문제 또는 목표)파악과 방법	
			기회로 전환-영업의 도구, 단계	
		추가 교차 판매	정보(문제 또는 목표)파악과 방법	
			기회로 전환-영업의 도구, 단계	

기존고객을 방문할 때는 단순한 정보수집–불평, 불만 파악 등–인지, 새로운 판매를 위한 것인지에 따라 접근 프로세스가 달라야 하고 그에 따른 영업활동의 방향을 정해야 한다. 특히 새로운 판매를 위한

접촉의 경우에는 더욱 전략적이고 전술적인 접근이 요구됨을 인식하도록 하라.

3. 26개의 개별 영업전략

(1) 집중전략 - 한곳에 모든 영업실무자의 에너지와 역량을 집중하는 전략, 단기(월 혹은 분기) 목표달성에 필요
① 집중할 상품
② 집중할 고객
③ 집중할 채널, 지역
④ 기타

(2) 확대전략-다양한 시장과 고객을 확보하고 공략하는 전략
① 상품확대 판매: 자사의 제품 중 영업활동에 활용하는 제품 수를 늘린다.
② 지역확대: 영업실무자의 활동영역을 확대한다.
③ 고객확대: 프로모션을 강화한다.
④ 채널확대
⑤ 기타

(3) 고객관리전략: 이익이 되는, 도움이 되는 고객을 중심으로 선택적으로 영업활동을 수행하는 것
① 신규 가망고객 관리(전략적 영업활동) ➔ 거래를 위해 집중하는

고객으로 자사의 영업에 도움이 되고 이익이 되는 고객을 선택해 집중적으로 공략 ➜ 비즈니스관계를 만드는 전략

② 기존고객 관리
- 고객 네트워크 만들기: 블로그, 카페 등을 활용한 고객과의 접촉기회 확대 및 고객 간의 네트워크 형성을 통한 상품에 고착시키는 것
- 사용경험 스토리 공유를 통한 고객의 충성도 증가, 추천기회 확대
- 사용자 모임: On Line, Off Line 모임의 활성화를 통한 고객 간의 네트워크 형성 및 사용자 클럽 만들기

(4) 비용절감 전략-영업의 비용을 절감하고 고객의 구매비용을 절감해 주는 전략
① 우리의 비용절감 전략
- 영업활동의 효율화
- 고비용의 영업활동 자제
② 고객의 비용절감 전략
- 고객의 사용상 문제점 지원
- 고객에게 추가사용법 교육: 가치 강화
- 기존 제품의 중고처리 업무 지원
- 기존 제품의 중가가격을 높게 받는 방법 지원
③ 경쟁사 비용을 올리는 전략
- 차별화 서비스 개발
- 제품의 완전제품화로 가치 강화

(5) 다양화 전략

① 고객의 문제를 해결하는 다양한 솔루션으로 고객을 공략하는 전략 ➜ 사용법 교육과 추가 사용기회 확대

② 상품의 가치를 중심으로 상품의 사용 영역을 확대하는 전략 ➜ 새로운 고객, 업종, 시장 확보

(6) 선점전략-경쟁사보다 먼저 틈새 영업의 기회를 발견해 선점하는 전략

① 완전제품으로 고객의 신뢰를 쌓은 후 고객을 챔피언 고객(추천을 많이 해 주는, 추가구매를 많이 하는 등) 만들기

② 다양한 고객의 개입, 참여기회 만들기 ➜ 이벤트 등

③ 고객분석: 고객들이 자사 제품으로 무엇을 하는지를 분석해 영업의 기회를 선점 ➜ 자사의 모든 고객을 분석

(7) 차별화 전략-가치를 강화하는 요소 개발, 고객이 찾고 경쟁사가 모방하기 어려운 경쟁우위 요소를 개발해 활용하는 전략

① 서비스 강화 전략

② 고객의 구매편의 지원(간편화 등) 개발

③ 고객의 기존 거래처(자사의 경쟁사)가 가진 문제해결식 접근

④ 상품 사용의 편의성 지원-교육지원, 포장혁신, 설치지원 등

(8) 전략적 제휴전략

① 외부자원 혹은 다른 기업들과 전략적 제휴 ➜ 자사의 경쟁력 강화, 자사의 약점 보완, 강점 극대화

② 고객과의 교환을 바탕으로 원원의 관계 형성 ➜ 비즈니스의 파

이 키우기

③ 경쟁사, 대체재 기업과의 전략적 제휴 ➔ 강력한 고객을 상대로 할 때, 더 많은 고객 확보를 위해

④ 장기적인 관계유지를 위해 대체품을 대신 구매 등

(9) 우회전략

① 고객에게 영향력이 있는 자원을 활용

- 고객의 인맥, 네트워크 활용
- 대체재의 존재를 활용-차별화
- 새로운 사용 기회 알리기

② 고객의 고객을 활용하는 전략: 고객의 Ender User를 움직여 자사의 상품과 서비스를 요구하도록 하는 전략-유통, 채널영업

(10) 정보활용전략-정보 선점을 통한 우위확보

① 고객의 라이프사이클

② 고객의 사회 네트워크

③ 고객이 속한 고객군의 소비 트렌드

④ 기술변화, 시장의 트렌드 정보를 활용한 전략

⑤ 기타 고객에 대한 정보-고객의 고객이 가진 불평, 요구사항 등

(11) 분산전략 – 경쟁사의 에너지를 분산시키는 전략

① 고객을 활용: 고객을 자사 또는 자사 제품에 고착화시키거나 습관화시키기

- 다양한 결제방법 제공

- 마일리지 제도
- 고객의 수준에 따른 차별화 서비스 제공
② 경쟁사의 영업비용을 상승시키는 전략
  - 고객과의 친밀감 등 인간관계 구축
  - 신뢰구축

(12) 허허실실 전략: 약한 척하면서 많이 얻기 전략
① 강력한 고객, 전문가인 고객을 대상으로 영업활동을 할 때 고객의 역량을 이용
  - 고객의 체면을 이용
  - 고객이 자사의 교육지원: 품질교육 등
  - 고객이 영업실무자의 업무를 지원: 추천장, 체험수기 등
② 자신의 약한 부분을 이용해 고객의 양보를 얻어 내는 전략: 고객의 전문성을 활용
③ 마지막 단계에서 덤 얻기로 추가 상품, 서비스 판매전략

(13) 속임수(선의의 거짓말) 전략
① 상대(고객이든 경쟁사든)가 피해를 입지 않도록
② 희소성(기회, 가격, 한정판매 등) 활용
③ 사회적 근거-유행, 트렌드 등

(14) 전략적 포기 - 기회를 포기, 상대의 선택이 오히려 나에게 기회가 되고, 선택은 상대가 하도록
① 고객이 고민하도록 한다.

② 매출에 연연해하지 않고 여유를 갖는다.

③ 이익을 포기하면서 새로운 시장진출, 고객 확보

(15) Help Me 전략 - 도움 요청

① 고객의 지원이 필요할 때

② 등대고객(광고탑 고객)을 대할 때

③ 고객이 까다로운 조건을 제시할 때

④ 전문가 고객일 경우 배우고 싶다는 자세를 보여 주기

(16) 내부 Champion 활용 전략 - 내부 이해관계자 공략

① 고객의 이해관계자 내부에 영업실무자를 지원할 세력 확보

② 고객의 의사결정 관계자 중 하나 또는 둘의 관계자를 자사 상품
에 대한 가치에 빠지도록-체험기회 제공 등

③ 전문지, 회사 사보 등에 사용 후기를 소개 ➜ 고객을 스타로

④ 자사의 상품 설명을 고객이 하도록-전시회 등

⑤ 정기적 고객 모임행사

(17) 선택 수 감소 전략 - 상대가 선택할 수 있는 경우의 수를 줄임으로써, 선택의 종류를 제한하여 제안함으로써 선택하도록 하는 ➜ 고객의 의사결정을 촉구할 때

① 협상 시 사용하면 좋은 전략

② 자사의 가치가 경쟁사보다 나은 점을 부각시켜 선택이 좁혀지도록

③ 비즈니스의 파이를 키워(고객이 얻는 기본이익+추가이익) 고객
스스로 선택을 제한하도록

(18) 랜덤전략-상대가 나의 의도, 의중을 파악하지 못하도록

① 영업에서는 매출에 연연해하지 않는 전략

② 협상/흥정 시에는 적절하게 활용-특히 양보할 때

③ 양보할 때 ➜ 불규칙적으로, 양보의 범위를 줄이면서……

④ 까다로운 고객과 상담(특히 매장영업)을 할 때

(19) 강, 약점 이용전략

① 경쟁사의 강점이 활용되지 않도록

② 경쟁사의 약점이 노출되도록-고객을 활용 등

③ 경쟁사의 약점을 강화할 기회를 주지 않기

④ 고객의 약점을 철저히 보호 혹은 보완해 주는 고객이 대변인 혹은 보호자 역할

(20) 지렛대전략

① 나의 작은 비용으로 상대를 움직이는 ➜ 협상: 가치 강화, 덤주기 등

② 영업 ➜ 고객의 기본 니즈 충족 외 추가적인 니즈(고객의 경쟁력을 올리는, 이익을 강화하는, 새로운 사용법을 알려 주는 등)의 충족을 강조

(21) 전화위복 - 다음에 전략

① 다음의 거래 가능성을 확약받기: 고객이 이미 경쟁사와 계약하였을 경우, 고객이 구매를 주저할 경우

• 추가이익(문제해결, 구매비용 절감 등) 제안

- 사용/체험의 기회 제안
- 희소성, 한정판매, 시간 제약 등

② 거절당한 후 거절의 이유를 적극파악

- 다시 제안: 고객의 니즈에 맞는
- 다음 기회: 고객이 무리한 조건을 계속 요구할 때
- 새로운 가치 제안을 통해 고객이 고민하도록

(22) Why 전략 - 고객의 문제, 의중을 파악

① 고객이 스스로 자신의 필요와 니즈를 갖도록
② 고객이 거부, 거절할 때 이면을 파악하기 위해

(23) 지원전략-고객의 성장을 도와주고 비즈니스 기회를 갖기, 이번에는……

① 고객이 기대하는 이상의 문제해결, 니즈 충족을 알고 지원
② 이번에 양보하는 것 ➜ 다음의 고객양보 요구
③ 고객의 Life Cycle상의 목표달성을 지원

(24) 침투전략-서서히 상품의 매력에 빠지도록 하는, 비즈니스 조건의 우위를 지속적으로 자극

① 시승단과 같이 사용, 체험하도록
② 가능하면 개발과정에 참여하도록
③ 시장/고객의 고객 요구를 공동 프로젝트로 만들기
④ 이벤트, 콘테스트 등을 통해 고객이 사용하도록

(25) 컨설팅전략

① 고객이 당면한 생활 또는 업무상의 문제해결 중심

② 진단지, 설문지를 중심으로

- 진단비용 ➜ 서비스
- 기존 제품 등의 무료 진단

③ 기존 경쟁사 제품을 사용하고 있을 때 유용

- 전문적인 능력
- 경쟁사가 해결해 주지 못하거나 않는 문제를 해결 ➜ 고객화

(26) 프로젝트 투입 영업전략

고객과 공동의 신제품을 개발하는 등의 프로젝트에 고객을 중요한 파트너로 참가시키는 영업전략

① 신제품 개발

② 고객의 업무상 문제 파악과 해결

③ 신기술 개발 등

이상의 전략을 실행할 기회를 찾으려면 앞에서 분석한 자사의 경쟁력, 상품의 경쟁력, 고객의 파워, 고객의 트렌드 흐름, 경쟁사의 경쟁력, 대체 가능성, 그리고 영업의 거시환경 변화에 따른 적절한 전략을 선택할 수 있어야 할 것이다. 아래의 표는 다양한 상황에 적합한 전략이 어떤 것이 있는지를 정리한 것이다. 이해에 다소의 차이는 있을 것이지만 전략 개발을 위한 큰 틀을 만드는 데 활용하면 효과가 있을 것이다.

가. 전략의 활용

〈표 2 - 32〉 환경분석과 전략의 연계성

전략	자사경쟁력		상품경쟁력		고객의 파워		경쟁자		대체 가능성		환경	
	강	약	강	약	강	약	강	약	강	약	기회	위협
1. 집중전략	O		O			O	O		O	O		
2. 확대전략	O		O				O	O	O			
3. 고객관리전략		O	O		O		O		O			O
4. 비용전략	O			O	O		O		O			O
5. 다양화 전략		O	O			O	O		O		O	
6. 선점전략		O	O		O		O		O			
7. 차별화 전략		O		O	O		O		O		O	
8. 전략적 제휴		O	O		O		O			O	O	
9. 우회전략		O	O		O		O			O	O	
10. 정보전략	O		O			O	O		O		O	
11. 분산전략	O				O		O		O			O
12. 허허실실	O		O		O			O		O		
13. 속임수 전략		O	O		O		O		O			
14. 전략적 포기		O	O		O			O	O		O	
15. 2등 전략		O	O		O		O		O			O
16. Champion		O	O		O		O			O	O	
17. 선택 수	O		O			O		O	O			
18. 랜덤전략		O			O				O			
19. 강약점전략												
20. 지렛대전략		O	O		O		O		O		O	O
21. 전화위복		O	O		O		O		O			
22. WHY전략	O		O			O	O			O	O	
23. 지원전략	O		O						O		O	
24. 침투전략		O	O		O		O			O		O
25. 컨설팅전략	O		O		O		O			O		
26. 프로젝트 영업			O				O		O	O		

O: 실행하면 좋은 전략

1. 영업전략은 실제 영업활동을 위해 개별 영업전략으로 세분화되어야 한다.

2. 영업전략 캔버스의 전략을 실행전략으로 구체화해야 한다.

3. 영업실무자, 조직의 과거 성과는 영업전략의 수준과 방향을 결정한다. 과거 성과를 중심으로 새로운 영업전략을 수립해야 한다.

4. 지역과 상품, 고객에 따라 개별전략은 달라야 한다.

5. 고객관리는 영업실무자의 중요한 영업역량이고 영업목표 달성의 기회를 제공해 준다.

6. 영업실무자 개인이 가진 차별화된 지식과 기술로 자신만의 고객관리 전략을 개발해야 한다.

7. 첨단기술과 정보통신기술은 폭넓은 영업의 활동반경을 보장해 준다. 이 기술들을 적극 활용할 수 있어야 한다.

제4장
흥정으로 이익을 확보하라

    판매실무자 이기상 씨는 고객과 판매협상(흥정)을 한 후 몇 가지 조건을 갖고 회사로 돌아왔다. 담당 과장과 협의해 합리적인 대안을 마련해 내일 오전까지 고객에게 알려 주기로 한 것이다.

    이기상: "과장님, ○○○ 고객과의 이번 거래와 관련 몇 가지 협의할 내용이 있습니다."

    박 과장: "그래, 뭔가?"

    이기상: "예, 고객이 가격을 10% 정도 깎아야 한다고 합니다. 결제도 이번에는 현금이 아닌 카드결제로 하고…… 신상품이라 서비스 기간도 더 늘려 달라고 합니다."

    박 과장: "그래! 무척 부담이 되는군. 이기상 씨는 이번 계약의 마진을 어느 정도로 확보하려는가?"

    이기상: "마진이라뇨? 이제까지 그것을 생각한 적은 없는데요. 고객이 요구하는 조건에 대한 결정만 해 주시기 바랍니다."

    박 과장: "결정하기 전에 이기상 씨가 알아야 할 것이 있네. 가격을 10% 깎아 주면 우리 이익이 10% 줄어드는 것 아닌가? 그리고 카드결제까지 하면 현금 결제할 때보다 수수료 부담도 커지고 그러면 우리

가 금년도에 영업목표로 정한 마진 10% 달성이 불가능한데……. 그리고 서비스 기간까지 늘려 준다면 우리에게 남는 게 거의 없을 것 같은데 어떻게 생각하는가?"

이기상: "그건 그렇지만 고객이 워낙 강경하게 요구하는 터라……. 한두 번 거래한 것도 아니고 앞으로도 계속 거래할 것 같은데요. 이번에 고객이 원하는 것을 도와주면 장기적으로 더 이익일 것 같습니다."

박 과장: "그것에 대해 어떻게 보장할 수 있는가? 그리고 지금까지 몇 번의 거래를 할 때 늘 고객의 요구사항을 들어주니까 이번에는 더 많은 요구를 한다고 생각하지 않는가?"

이기상: "그렇지만…… 어떻게 안 되겠습니까?"

박 과장: "그럼 우선적으로 고객이 제안한 가격 10% 할인과 카드결제, 서비스 기간 연장조건에 대해 우리가 얻을 수 있는 조건이 없을까?" 고객이 양보할 수 있는 조건도 있을 것 같은데…… 가격을 덜 깎거나, 카드결제보다는 다음 달에 현금결제를 하는 것으로…….

이기상: "힘들 것 같은데요. 고객인 김상철 님은 아주 강경하게 주장하고, 또 이제껏 항상 고객의 조건을 수용해 왔기 때문에 우리가 다른 조건을 내세우면 고객이 서운해할 것 같습니다."

박 과장: "그렇다고 고객이 요구하는 조건을 모두 그대로 수용할 수는 없지 않은가? 우리도 남는 것이 있어야지. 금년도 목표도 이익률을 10% 이상 확보하는 것인데……. 고객에게 다른 조건을 추가로 제안할 수 있으면 좋겠네. 가격 10% 깎는 것과 카드결제를 현금으로 바꾸면 좋겠네. 서비스는 품질이 우수하니까 연장해 주더라도…… 아니면 구매물량을 늘리거나, 서비스를 연장해 주고 카드결제를 수용하면서 가격은 3% 정도 깎아 주거나, 그리고 고객은 진짜로 가격을

10%나 깎으려 하는 것일까? 그냥 늘 하는 말이 아닐까? 이것도 파악하는 것이 좋겠네."

이기상: "그건 불가능합니다. 어떻게든 과장님께서 결정해 주세요."

영업실무자의 마지막 말에 담긴 의미는 무엇일까? 박 과장은 어떤 결정을 해야 할까? 그리고 고객의 요구조건을 모두 수용하는 것이 바람직하지 않은 이유는 뭘까? 이러한 고객에게는 어떻게 대응하여야 하고 그 대응을 위해 요구되는 능력은 무엇일까? 그리고 어떻게 직원에게 고객과의 거래조건이 얼마나 중요한 것인가를 알리고, 협상의 방법을 알릴 것인가?

1. 협상(흥정)이란?

협상(흥정)은 **"거래 당사자 간에 서로 원하는 거래의 목표달성을 위해 거래 조건들을 두고 상호 제안과 역제안을 하면서 상대를 설득하고 합의를 하는 비즈니스 활동이다."** 따라서 협상(흥정)의 결과는 계약의 이익 수준을 결정한다. 이 때 고객은 자신의 구매비용을 줄이는 것이고, 영업조직 또는 영업실무자는 거래의 이익(마진)을 많이 확보하는 것이 서로의 목표가 된다. 따라서 이 거래 조건의 합의수준이 자신에게 유리하도록 다양한 전략과 전술을 총동원해 협상에 임해야 한다. 서로가 가진 한계와 유리한 점 또는 불리한 점을 얼마나 많이 그리고 정확하게 파악하고 활용하는가가 협상(흥정)의 결과를 좌우하기도 한다.

1) 협상(흥정)의 가치

B2C영업활동을 하는 영업실무자가 달성해야 하는 영업의 목표 중 하나는 영업의 이익률, 즉 마진을 확보하는 것이다. 이는 앞에서도 강조하였다. 즉, 조직이 정한 이윤을 남기면서 판매를 해야 한다. 이 이익률 목표는 매출을 올리는 것만큼 중요하다. 매출이 외양적인 영업의 목표라고 한다면 마진은 영업의 실속을 챙기는 것이다. 그러므로 협상(흥정)을 성공적으로 진행하기 위해서 영업실무자에게 요구되는 기본적인 지식과 기술은 영업활동을 전개하기 위해 필요한 것과는 전혀 다르다.

특히 협상(흥정)을 효과적으로 전개하기 위해서는 고객의 심리를 읽는 능력과 커뮤니케이션 능력이 매우 중요하다. 모든 영업활동의 핵심 능력은 커뮤니케이션이다. 특히 협상(흥정)의 경우에는 커뮤니케이션 능력을 통해 고객의 의도와 숨겨진 이유와 문제, 고객의 장단점 등을 파악하고 적절한 협상(흥정) 전술을 사용하거나 고객의 협상(흥정) 전술에 대응해야 하기 때문에 매우 중요한 능력이 된다.

시리즈 1 『B2C영업의 기초』 중 영업커뮤니케이션에서 강조하였듯이 협상(흥정)에서도 고객의 말을 경청(언어적 경청)하는 것은 그 무엇보다 중요하다. 경청을 통해 고객의 정보, 상황을 파악하고 그것들을 협상(흥정)의 파워에 변화를 주고, 레버리지(협상의기울기)를 유리하게 만들어 협상을 전개해야 하기 때문이다.

영업활동의 목표는 매출목표 달성이지만 협상(흥정)의 목표는 마진의 수준을 결정하는 것이다. 이 목표달성을 위해 요구되는 전략 또한 영업전략과는 다르다. 영업의 도구-상품과 서비스의 가치를 고객이 인식하도록 하는 다양한 영업활동 내용-와 협상(흥정)의 도구-거래 조건- 또한 다르다. 이런 차이점을 명확히 알고 활용할 수 있어야 협상(흥정)에서 좋은 결과(더 많은 이익을 확보하는)를 가져올 수 있다.

영업실무자가 협상(흥정)을 제대로 수행하기 위해서는 협상(흥정)을 구성하는 요소들에 대한 기본적인 이해가 필요하다.

이번 제4장에서는 영업실무자가 알아야 하는 협상(흥정)의 기본 지식과 기술에 대해 알아보도록 한다. 영업실무자는 이 지식과 기술들을 완벽하게 기억하고 B2C고객과의 협상(흥정)을 할 때 적극적으로 활용할 수 있어야 한다. 고객과 협상을 전개할 때 영업실무자의 임기응변과 설득력, 센스, 유연성, 융통성 등이 매우 중요하다. 이러한 능력과 기술은 기본적인 지식과 기술을 바탕으로 둘 때 훨씬 효과적일 것이다.

2. 협상(흥정)의 기본

1) 협상(흥정)의 목표

협상(흥정)의 목표는 두 가지로 구분된다. 첫 번째는 궁극적인 목표로 거래를 성사시키는 것이다. 즉, 고객과 계약을 맺고 판매에 성공하는 것을 의미한다. 이 목표는 영업실무자가 달성해야 하는 당연한 목표이고 재고의 여지가 없는 목표이다. 영업실무자에게 협상(흥정) 스킬이 요구되는 이유는 두 번째 목표를 달성하기 위해서이다. 두 번째는 판매의 이익률(마진의 수준)을 확보 혹은 보호하는 목표가 그것이다.

어떤 거래든 협상(흥정)에서 합의해야 거래 관계가 마무리된다. 여기서 거래의 내용인 조건들이 합의가 되고, 서로가 원하는 이익 또한 확보되어야 올바른 거래와 지속적인 거래 관계가 가능하다. 둘째 목표가 중요한 이유가 여기에 있다. 두 번째 목표는 거래의 조건들에 대한 수준을 결정해 협상(흥정)의 목표인 마진(이익)을 많이 남기거나 이익을 보호하는 것이라고 한다. 이 목표는 고객과 진행하는 협상(흥정)에서의 전략과 전술에 영향을 주기도 하고 영향을 받기도 한다. 협상(흥정)의 목표(마진수준)는 3가지로 구성된다.

(1) 희망수준: 모든 거래에서 가장 원하는 마진의 상한수준을 말하는 것으로 표준 견적서 또는 처음으로 고객에게 제시하는 견적서의 모든 조건(표준가격과 조건들)들의 수준이다. 혹은 매장판매를 한다면 매장에 표시된 상품의 가격을 그대로 받는 것이다. B2C영업활동(매장영업) 중 매장입구에 정찰제 가격이라는 문구를 사용하는 목적은 이 희망수준의 이익을 확보하기 위해서이다. 이 희망수준은 영업실무자가 달성해야 하는 가장 높은 마진수준이다. 많은 B2C영업활동의 상품과 서비스들은 이 조건으로 합의되는 경우가 많다(보험, 자동차, 가전제품, 은행거래(대출) 조건 등). 실제적으로 대부분의 고객은 이 수준에서 거래하지 않으려 한다. 따라서 본격적인 협상(흥정)의 단계로 진입되고, 고객과 협상을 하게 되면 이 희망수준의 마진확보는 어려워진다. 이 희망수준은 고객 입장에서는 구매하고자 하는 가장 낮은 가격수준 혹은 고객이 처음에 제안하는 가격이 된다.

(2) 목표수준(수용가능 수준): 이번 거래에서 달성하고자 하는 합리적인 마진수준을 말하는 것으로 희망수준보다는 낮다. 하지만 자사의 이익률 확보를 위해서는 이 목표수준을 합리적으로, 전략적으로 결정하여야 한다. 대부분 고객과 협상(흥정)을 전개하

게 된다면 희망수준을 달성하기는 어렵다. 이때 영업조직이나 영업실무자 입장에서 달성하고자 하는 이익률의 수준을 결정해야 하는데 이를 목표수준 혹은 수용 가능한 수준이라고 한다. 고객 역시 자신의 수용할 수 있는 가격수준이 있다.

(3) 이탈수준: 거래를 포기하는 마진수준이다. 이익이 확보되지 않거나 확보되더라도 원하는 이익수준이 아니어서 판매를 연기하거나 포기하는 수준을 말한다. 대부분 이 이탈수준은 고객이 구매하기 위해 처음 제안하는 수준(표준가격보다 낮은 가격)이 된다. 물론 영업실무자 혹은 영업조직이 내부적으로 정해 놓은 수준보다 더 높은 가격을 고객이 구매 희망가격으로 제안한다면 이탈수준은 자연스레 올라간다. 만일 고객의 초기 제안 가격이 이 이탈수준보다 낮다면 이탈수준보다 높은 가격으로 거래가 마무리되도록 하는 것이 영업실무자의 역할이고 능력이다.

이 세 가지 수준 중 서로의 희망수준은 협상(흥정)을 시작하기 전에 대부분 공개된다. 그리고 B2C고객의 경우 대부분은 이 수준을 알고 있다. 따라서 고객은 이 가격을 깎으려고 시도한다. 고객은 자신이 원하는 가격수준(희망수준-가장 낮은 가격)으로 구매하고자 하기 때문이다. 대부분의 협상은 서로가 가진 희망수준과 이탈수준 사이에서 결정이 된다.

각 거래 당사자가 자신의 희망수준 또는 목표수준에 가깝도록 계약하기 위한 활동이 협상(흥정)이고, 이 활동의 수행능력에 따라 영업실무자와 고객 사이의 이익수준이 결정된다. 그리고 이 목표 수준은 구체적인 거래조건을 고객과 협상을 할 때도 적용이 된다. 가격, 결제

방법, 수량 등에 대해서도 이 3가지의 목표수준을 수립해 전체 거래 조건을 대상으로 달성하고자 하는 이익률 수준을 결정하여야 한다.

2) 쟁점개발과 우선순위

협상(흥정)의 쟁점은 위의 거래목표(영업계약서의 이익률 수준)를 달성하기 위해 고객과 합의할 거래의 조건들이다. 여기서는 협상(흥정)의 쟁점(거래 조건들)이라는 단어로 설명한다. 협상(흥정)의 쟁점이 가진 가치는 상호 이익의 수준을 결정하는 중요한 요소로 협상(흥정)의 파이를 키우는, 협상(흥정) 테이블에 돈을 남기지 않고 떠나는 협상(흥정)의 완성된 모습이라는 것이다.

고객과 영업실무자는 자신들이 원하는 거래 조건으로 계약하기 위해 거래 쟁점을 주고받으면서 상대를 설득하기 위한 제안을 하고, 책략을 사용하며 때로는 협박도 하면서 설득 또는 합의를 시도한다. 때로는 쟁점 간의 Trade Off를 제안하면서 상호 목표 수준과 협상의 전략을 공개하기도 한다.

일반적으로 영업실무자들은 협상(흥정)의 쟁점(조건)을 가격 하나로 한정 짓는 경향이 있다. 가격은 거래 조건 중 하나로 구매비용의 수준과 영업이익률을 결정하는 데 매우 중요하고 가장 큰 비중을 차지하는 협상(흥정)의 쟁점이다. 하지만 가격만이 유일한 쟁점은 아니다. 가격 외의 조건들(결제방법, 배송 및 설치, 서비스 수준 등)이 협상(흥정)의 쟁점임을 알아야 한다.

따라서 영업실무자는 고객과 협상(흥정)을 할 때 이 협상(흥정)의 쟁점(거래 조건들) 모두를 활용해 원하는 수준의 이익을 확보하여야 한다.

영업실무자가 처음에 고객에게 제안하는 견적서(거래 조건들의 조합)는 가장 합리적이고 높은 이익률을 보장하는 거래 조건들이다. 이 견적서의 내용(표준 계약서)의 모든 조건을 고객이 수정 없이 받아들인다면 더 이상의 협상(흥정)은 없을 것이다. 하지만 대부분은 고객은 자신들이 원하는 구매조건과 지불할 수 있는 구매예산의 수준에 맞춰 이 영업실무자의 초기 제안을 거부하고 조건의 수정 혹은 다른 조건을 제안한다.

영업실무자는 고객과 협상을 할 때 각 쟁점(조건)들의 수준을 합의하기 전에 어떤 쟁점(조건)들을 협의해야 하는지부터 쟁점의 내용과 쟁점의 수부터 합의하여야 한다. 이유는 고객의 협상(흥정) 전술은 구매조건을 하나하나 끄집어내면서 영업실무자의 반응을 살피고 때로는 영업실무자를 압박하면서 설득을 시도하기 때문이다. 즉, 고객은 영업실무자의 제안(견적서) 내용을 보고 가격을 우선 공격해 깎은 다음, 다른 거래 조건(추가 서비스요구 등)을 제안하는 방법으로 양파껍질을 까듯이 거래조건 하나하나를 별도로 다룬다. 이것은 고객이 자신의 구매비용을 절감하기 위해 자주 사용하는 협상(흥정) 전술이다. 이러한 고객의 전술에 적절하게 대응하지 못하면 큰 비용이 들어가고 거래의 마진이 떨어지는 계약을 하게 된다.

이를 극복하기 위해서 영업실무자는 협상(흥정)을 시작할 경우 고객이 수정을 원하는 모든 조건을 파악한 후, 모든 조건을 조합으로 만들어 패키지로 합의를 시도하여야 전체 파이를 키울 수 있으며 영업계약서의 이익률을 보장받을 수 있다. 이 방법에 대해서는 협상(흥정)의 틀짜기에서 자세히 설명하도록 한다.

영업실무자가 처음 제안(표준 견적서, 기본 판매조건)한 수준에 대해 고객이 수용하면 계약의 단계로 진입한다. 하지만 고객은 대부분은 영업실무자의 1차 제안에 대해 거부를 하면서 자신의 요구조건을 제안한다. 이때 고객의 요구조건이 영업실무자가 가진 권한 내에 있다면 그대로 의사결정을 하면 된다. 하지만 이러한 경우는 거의 없을 것이다. 왜냐하면 고객이 제안하는 수준은 고객의 희망수준이고 이 수준은 대부분 영업실무자가 가진 권한을 벗어난 수준이 되기 때문이다. 이때에도 영업실무자는 자신의 권한으로 1차 설득을 시도해 본다. 하지만 설득에 실패할 경우 일단 쟁점의 내용(수)을 합의보고, 2차 협상(흥정)을 제안한다. 그리고 내부 관계자들과 각 쟁점에 대한 2차 조건을 준비한 후 다시 만나서 2차 협상(흥정)을 진행한다. 이러한 방법으로 협상(흥정)은 수차례에 걸쳐 진행되고 서로가 원하는 수준을 제안하고 설득하는 방법으로 협상(흥정)을 진행한다. 이러한 과정을 거쳐 협상(흥정)을 마무리하고 계약한다.

모든 영업조직이 영업실무자에게 계약조건 수정에 대한 권한을 제한적으로 부여하는 이유는 다음과 같다. 영업실무자는 자신이 가진 권한을 벗어난 조건을 요구하는 고객과 무리하게 협상을 진행하지 말고 조직 또는 상사에게 보고하고 권한을 위임받아 협상을 전개하는 여유를 가지라는 것이다.

하지만 많은 B2C영업실무자들은 거래를 성사시키고자 하는 욕심으로 많은 조건들(추가 서비스 제공 등)을 쉽게 양보하는 경향이 있다. 이러한 양보를 할 수 있는 수준을 영업실무자의 능력으로 오해하기도 한다. 그리고 고객들 또한 영업실무자의 이러한 영업방식을 알기 때문에 무리한 요구를 하는 것이다. 이는 고객을 잘못 습관화시킨 영업실무자들의 책임이다. 어떤 거래조건이든 영업실무자의 양보는 영업매출의 이익률을 떨어지게 한다는 것을 기억하고 고객과 협상(흥정)을 전개하기 바란다.

3) 협상(흥정)의 전략

협상(흥정)의 전략은 협상(흥정)의 목표를 달성하기 위해 협상(흥정) 쟁점을 다루는 방법, 즉 각 쟁점의 제안 방법과 순서 등을 결정하는 것으로 협상(흥정)을 이끌어 가는 큰 그림이다. 이 전략은 협상(흥정)의 목표를 달성하기 위한 가장 기본적인 청사진이다. B2C영업실무자들은 B2B영업과는 마찬가지로 이 협상전략을 고객과 상담을 전개하면서 유연하고 탄력적으로 활용할 수 있어야 한다. 이유는 B2B영업과 달리 대부분의 B2C영업 협상(흥정)의 경우 영업현장에서 전략을 선택하고 실행해 고객의 구매결정을 빨리 끌어내야 하는 경우가 많기 때문이다.

효과적인 협상(흥정)의 전략 수립 시 고려할 4가지 요소는 다음과 같다.

(1) 선택의 문제: 협상(흥정)의 쟁점의 우선순위를 선택하는 것과 각 쟁점의 구체적인 조건을 선택하는 것에 따라 전략이 달라진다. 물론 거래의 마진수준을 결정하는 것도 선택의 문제이다. 이 선택에 따라 전략이 달라질 것이다.

(2) 우연성의 문제: 협상(흥정)을 진행하는 과정에서 발생하는 우발적인 사건, 우연하게 수집한 정보, 예기치 않는 상황의 발생 등이 전략의 결정에 영향을 미친다.

(3) 상호 의존성의 문제: 협상(흥정) 당사자인 고객과 영업실무자 간의 관계는 협상(흥정) 전략에 영향을 미친다. 장기적인 지속 관계인가? 일회성의 관계인가가 협상(흥정) 전략에 영향을 미친다는 것이다.

(4) 정보와 그 수준: 협상(흥정) 과정에서 수집한 정보의 종류와 신

뢰성이 협상(흥정)의 전략에 미치는 영향이다. 영업실무자가 고객과 상담을 통해 직접 수집한 정보든 아니면 주변에서 수집한 정보든, 그 정보가 늘 100% 확실한 것은 아니다. 따라서 영업실무자는 자신이 수집한 정보에 모든 것을 맡기는 어리석음을 저질러서는 안 된다.

이러한 요소들은 영업실무자와 고객 상호 간의 협상(흥정)전략 수립에 큰 영향을 미친다.

여기에 더해서 상대에게 영향을 미치는 협상(흥정)의 전략을 수립하기 전에 영업실무자는 아래의 7가지 요소를 먼저 파악하여야 한다.

1 신례찾기	➤ 과거의 유사한 경험 분석(성공 또는 실패) ➤ 상호 활용할 수 있는 선례
2 대안/무기개발	➤ 선택과 유연성의 힘을 강화 ➤ 상대의 수를 읽는 데 도움이 되고 난관에 빠지지 않음
3 관심거리	➤ 이익의 가지를 판단(나와 상대방) ➤ 상대의 요구사항을 알면 쉽게 협상을 마무리 지을 수 있음
4 데드라인	➤ 협상의 제안 시간을 강한 무기이기도 하지만 약점이기도 함
5 강점과 약점	➤ 자신의 약점과 상대의 강점을 평가절상하지 말 것 ➤ 상대의 강점을 감정이 아닌 분석적으로 접근할 것
6 최고의 목표와 물러날 위치	➤ 이성적인 목표와 물러날 위치를 결정 ➤ 협상을 하지 않는 것이 때로는 유리
7 전략과 팀	➤ 당신의 협상력을 강화할 팀을 구축하고 상대 팀을 분석할 것 ➤ 양보, 버티기 등의 전략을 개발

[그림 2-15] 영업전략 수립 전 고려사항

고객과의 과거 거래 경험과 내용, 고객의 협상(흥정) 스타일, 고객과 영업실무자의 대안(BATNA)과 쟁점에 대한 경쟁력과 가치 그리고 대안(BATNA)의 파워, 상호 간의 쟁점에 대한 우선순위와 한계점, 목표수준 등이 협상(흥정) 전략 수립에 영향을 미친다.

영업실무자는 고객이 기존고객이든 신규고객이든 쉽게 고객의 협상(흥정) 전술에 흔들리거나 쉽게 양보를 하는 등의 선례를 남겨서는 안 된다. 고객은 영업실무자가 가진 협상(흥정)의 능력을 예의 주시하고 거래를 할 때 항상 적극적으로 활용한다는 것을 기억하도록 하라.

영업실무자가 활용할 수 있는 협상(흥정)의 전략은 다음과 같다. 전략의 대상은 고객과 합의를 해야 하는 거래 조건들이고, 이 조건들의 우선순위와 중요도에 따라 6개의 전략을 혼합해 활용하면 된다.

〈표 2-33〉 협상(흥정)전략 종류

형태	변경항목 수	내용	사용 시기, 효과
교환	2	고객과 당신은 상응하는 가치(다른 거래 조건)를 서로 주고받음	모든 경우에 (가장 효과가 좋은 전략) IF~법으로 활용
강화 (덤 주기 덤 받기)	1 (이견과 무관)	상호 요구하지 않은 다른 것을 주고받는다. 당신은 비용이 적게 드는 것을 줄 것	상대의 요구를 만족시키는 데 있어서 유연성을 발휘하기 힘들 때
절충	1 (이견과 관련)	당신과 고객 모두 원하는 것의 일부만을 받는다-하나의 조건	중요하지 않은 이견을 해결할 때 (조속한 결론의 유도가 필요할 때)
양보	1 (이견과 관련)	고객은 원하는 것을 받음 당신은 원하는 것을 포기	마지막 단계에서 사소한 이견 차를 해소할 때
포기	-	거래를 포기	양쪽 당사자들 중에 한쪽이 손해를 보게 될 때
경쟁/버티기	-	내가 원하는 것을 얻음 양보의 폭 최소화	매우 중요한 사안, 조건일 때 강력한 대안이 있을 때

위의 6가지가 협상(흥정)의 전략들이다. 상황에 따라서는 전체 협상(흥정)의 전략을 활용하기도 한다. 즉, 고객과의 관계, 거래의 중요성, 영업목표 등을 고려해 협상(흥정)의 전개 방향을 정할 때도 활용되는 전략들이다. 거래 자체를 두고도 이 전략들을 실행할 수 있지만, 거래의 조건들에 대해서 이 전략을 적절하게 활용할 수 있다. 즉, 각각의 거래 조건(가격, 서비스, 추가지원 등)에 대해서도 그 우선순위에 따라 위의 전략들을 적용할 수 있을 것이다.

협상(흥정)의 가장 많이 활용을 하고 효과가 좋은 전략은 Give & Take와 타협(절충)이다. 이는 이익률을 보장받고 고객의 협상(흥정) 전술에 대응하는 전략을 결정하는 데 있어 핵심이다. 물론 쟁점에 따라 전략적인 양보를 하기도 하고, 강화(덤 주기, 덤 받기)의 전략(고객에게 판촉물, 사은품을 제공하는 것)을 사용하기도 한다. 그리고 영업실무자나 고객 입장에서 자신에게 중요한 쟁점(거래 조건)에 대해서는 강하게 버티거나 최소로 양보하는 경쟁전략을 사용하기도 한다. 이 각각의 전략은 협상(흥정)의 목표, 내부의 상황, 협상(흥정)의 대안, 상대와의 관계, 우선순위에 따라 달라진다.

영업실무자는 협상(흥정)의 각각의 쟁점에 대해 6가지 전략을 모두 사용할 수도 있다. 즉, 가격이 중요할 때 경쟁적인 전략을 채택해 가격을 고수하거나 깎아 주어도 그 깎아 주는 폭을 최소화한다. 그래도 고객이 거절할 때는 다른 쟁점(사은품, 서비스 기간 연장, 액세서리 제공 등)과 교환, 절충, 덤 주기/덤 받기 전략을 동시에 시도한다.

이 전략을 수행하기 위해서는 아래의 표를 활용하여 협상(흥정)의 목표와 전략을 수립하라.

<표 2-34> 협상(흥정) 목표, 우선순위, 전략 캔버스

조건 의제	우선 순위	목표			전략	고객이 얻는 이익 구매비용 절감 근거, 사례
		희망	목표	이탈	양보 타협 포기 경쟁 교환 강화	

의제 또는 조건은 고객과 합의한 협상(흥정)의 쟁점[협상(흥정)에서 합의를 볼 거래 조건의 항목들]이다. 우선순위는 각 협상(흥정) 의제(쟁점)가 중요도와 이익률, 그리고 내부 상황에 따라 결정되는 우선순위이다. 이 우선순위에 따라 협상(흥정)의 전략 활용의 구도가 달라질 것이다. 각 의제(쟁점)들에 대한 목표 수준(희망, 이탈, 목표)을 정한다. 이 모든 작업을 영업실무자는 고객과 상담을 하는 중간에라도 적절하게 구상, 혼합하고 선택할 수 있어야 한다. 그래도 고객을 설득하는 데 실패할 경우 협상(흥정) 전술로 상사 핑계 대기를 동원해 재협상(흥정)의 기회를 확보하면 된다.

4) 협상(흥정)의 틀짜기

　협상(흥정)의 틀짜기는 쟁점의 패키지라고 하고 쟁점의 조합으로 만든 경우의 수라고도 한다. 이 틀짜기가 중요한 이유는 쟁점 간의 조합을 통해 이익률을 보장받을 수 있기 때문이다. B2C영업실무자는 자신의 상품과 서비스의 다양한 거래 조건들이 가진 수준과 이익률에 미치는 영향을 파악해 현장에서 이 패키지를 직접 그리고 임기응변으로 활용할 수 있어야 한다. 이 패키지를 활용하는 기본전략은 상호 교환전략이다. 가격과 납기를 교환할 수 있고, 결제방법과 가격의 수준을 교환할 수도 있다. 이 틀짜기는 아래의 표를 기억하고 활용하도록 하라.

<표 2-35> 협상(흥정) 의제(쟁점)들의 틀짜기

협상의제들	A:	B:	C:	D:
우리의 협상 가능 조건들	A1: A2: A3:	B1: B2: B3:	C1: C2: C3:	D1: D2: D3:
조건들의 조합	조합선택	수익성/중요도	고객이 얻는 이익 구매비용 절감, 근거, 사례	
	A1-B1-C1-D1 A2: A3:			

　협상(흥정) 의제들은 고객의 합의가 필요한 거래 조건들이다. 각 의제에 대한 협상(흥정) 가능한 조건들은 우선순위에 맞춰 결정한 수용

가능한 각 쟁점에 대한 조건 수준이다. 이 조건들을 조합으로 만든다. 예를 들어 A1-B1-C1-D1, A1-B1-C1-D2, A1-B1-C1-D3 등의 조합을 만든다. 이러한 조합은 81개가 나온다. 각 조합은 회사 혹은 상사로부터 위임을 받는 계약 조건들이다. 때로는 영업실무자가 가진 권한 내에서도 이 조합들을 개발할 수도 있다. 이는 영업실무자가 가진 권한을 최대한 활용하는 것이다.

이렇게 개발한 조합들을 영업실무자는 2~3개 제안을 해 고객이 그중에 선택하도록 고객을 설득한다. 이 설득을 위한 협상(흥정) 스킬이 제안이다. 그 제안의 방법에 대해서 알아보도록 하자.

5) 협상(흥정)의 제안

협상(흥정)의 제안은 **고객과 영업실무자 간의 협상(흥정)목표 달성을 위해 원하는 쟁점(조건)들의 수준을 공개하고 상대의 의도와 전략, 전술을 파악하며 상대를 설득을 위한 협상(흥정) 커뮤니케이션**이다.

따라서 제안의 특징은 서로의 협상(흥정)의도를 파악하는 것이고, 정보의 가치를 확인, 점검하는 것이며, 정보의 양과 질을 확대하는 것이고, 쟁점의 우선순위·전략·전술을 공개하고 상대의 우선순위·전략·전술을 파악하는 활동이고, 정보의 한계가치(정확성, 상대적 파워 등)를 인식하는 것이다.

영업실무자는 고객과 협상(흥정)을 하면서 제안할 때 지켜야 하는 원칙은 다음과 같다. 이 원칙을 기억하고 유용하게 활용할 수 있어야 한다.

(1) Anchoring 효과를 위해서는 항상 제안을 먼저 하라. Anchoring 효과는 협상(흥정) 의제(거래 조건)의 수준을 못 박는 효과가 있다. 즉, 배가 정박하기 위해 닻을 내리면 그 닻이 배를 고정시켜 준다. 물 위의 배는 조류와 바람에 의해 움직일 수 있지만 그 정박 위치는 닻에 의해 고정된다. 이와 같이 먼저 쟁점(거래 조건)의 수준을 먼저 제안함으로써 제안하는 측의 희망수준에 가깝도록 닻을 내리는 효과가 있다. 영업실무자가 고객에게 처음 제안하는 표준판매조건, 매장의 제시된 가격, 정찰제 가격이 바로 이 Anchoring의 역할을 한다. 이 Anchoring을 높게 내림으로써 협상 가능 범위를 확보하고, 이 Anchoring 수준이 부담되어 고객이 거부하고, 자신의 조건을 역제안하더라도 이 Anchoring 수준에서 크게 벗어나지는 않게 된다. 만일 이 Anchoring을 먼저 제안하지 않고 고객에게 원하는 조건을 제안하라고 한다면 어떻게 될까? 고객의 제안수준이 Anchoring이 되어 고객에게 유리한 결과가 나올 가능성이 크다. 따라서 대부분의 경우 영업실무자는 어떤 방법으로든 Anchoring을 먼저 내려야 한다.

(2) 강력한 대안(협상 결렬 시 선택할 수 있는 선택안-영업실무자에게는 다른 가망고객)이 있고 상대의 전략과 쟁점의 우선순위, 협상(흥정)의 목표를 파악하기 위해서는 상대가 먼저 제안하도록 한다. 위에서 언급한 고객의 희망수준을 제안받을 수 있지만 경력한 대안이 있기 때문에 여유를 갖고 대응할 수 있을 것이다. 고객이 영업실무자의 대안이 강력하다는 것을 알면 자신의 초기 제안을 약하게 할 수도 있기 때문이다.

(3) 상대의 초기 조건을 절대로 수용하지 않는다. 영업실무자든 고

객이든 서로의 초기 제안 내용은 서로가 원하는 희망수준(구매
는 가장 낮은 가격, 영업은 가장 높은 가격)이다. 이 희망수준은
언제든지 움직일 수 있다. 이 희망수준은 항상 협상의 여지가
있다. 서로의 희망 수준을 수용한다는 것은 협상(흥정)에서 '승
자의 저주'[협상(흥정)에서 유리한 조건으로 구매/판매 의사결
정을 하더라도 그 결과에 실망 또는 불만족한 심리적인 현상]에
빠진다. 비록 상대의 희망수준이 자신이 생각하는 것보다 낮더
라도 더 낮게 흥정을 마무리할 가능성이 있기 때문에 절대로 상
대의 초기제안을 덥석 받아들여서는 안 된다. 상대의 초기제안
을 그대로 수용하면 가장 어리석은 협상가가 된다.

(4) 기대치를 높게 잡는다. 협상(흥정)은 서로의 이익(고객은 구매비
용 절감, 영업은 판매마진 강화)을 위해 상호 조건을 교환하고
합의하는 과정이다. 따라서 협의를 위해 교환하고 양보할 수 있
는 여지를 남겨 두어야 한다. 물론 의제에 따라 절대 물러설 수
없는 경우도 있을 것이다. 이때에는 다른 조건으로 교환 또는
강화전략을 활용하여야 한다. 어떠한 경우든 상대에게 제안할
때는 희망수준으로 제안하도록 하라. 영업실무자가 고객에게
표준 판매조건을 제안할 때 가격을 미리 깎아 준다고 하더라도
고객은 그 가치를 인정하지 않고 그 수준을 영업실무자의 희망
수준으로 간주하고 더 나은 조건을 제안하도록 요구한다.

제안하는 방법은 아래의 5가지 방법을 활용하도록 하라.

감정활용	감사, 경의 등 호의적인 말이나 행동으로 상대의 마음에 강하게 호소
논리성	정보, 데이터 등 사실적인 근거를 활용하여 상대에게 접근
위협	상대에게 위기감을 주는 행위, 상대가 이런저런 말을 못하고 자신을 따르도록
흥정/교환	이쪽이 무엇인가 양보하는 교환조건으로 하여 상대에게 양보를 요구
타협	각자가 요구하는 결과의 중간을 찾아서 협상의 손익을 나눠가지는 것

[그림 2‑16] 제안의 5가지 방법

감정을 활용한 제안은 장기적인 관계이거나 그러한 관계가 가능할 때 효과가 있다. 이 방법은 기대 이상의 효과가 있을 것이다. 논리적인 제안은 상대가 부정할 수 없는 사실을 논리적으로 제안하는 방법으로 상대의 협상(흥정) 스타일이 꼼꼼하고 업무 지향적일 때 좋다. 위협의 제안은 가능한 한 실행하지 않는 것이 좋다. 흥정/교환과 타협은 전형적인 협상(흥정)제안의 방법이다.

서로의 협상(흥정) 조건을 제안하고 또 상대의 제안을 이끌어 내기 위해서는 다음의 커뮤니케이션 메시지를 활용하도록 하라.

① 제안하는 방법
    – '당신의 _____을 들도록 하겠습니다.'
    – '이것은 _____을 하자는 이야기인가요?'
    – 주요내용은 _____인 것 같은데 맞습니까?
    – '_____을 좀 더 자세히 알아봅시다.'

- '저는 우선 _____을 했으면 하는데 어떻게 생각하십니까?'
- '우리는 _____을 하였으면 합니다.'
- '_____을 좋아하나요, _____을 좋아하나요?'
- '오늘은 _____와 _____에 대해 이야기하였으면 합니다.'
- '좋아요. _____에 대해 질문이 있습니까?'

② 상대의 제안에 대응하는 방법
- '좋은 의견입니다……'
- '그것은 우리가 할 수 있을 것 같군요.'
- '당신은 내가 하고 싶은 말을 하는군요.'
- '나는 당신의 말을 _____하게 이해했습니다.'
- '아마도 문제는 _____인 것 같군요.'
- '그것은 우리가 합의하지 않은 내용이군요.'
- '당신의 제안을 수용하기 어려운 것이 안타깝군요. 우리는……'
- '우리는 _____하게 생각을 하는데, 당신은?'

③ 고객의 제안에 대응하는 추가적인 방법
- T: TRADE(교환, 맞교환, 가치교환)
  - '가격을 10% 깎자고 하시니 그럼 구매량을 늘릴 수 있습니까?'
  - '원하시는 날에 배송을 원하시면 가격은 덜 깎으셔야……'

- R: REMOVE(고통, 위험, 곤란을 제거하라)
  - '당신의 제안에 대해 ~부분을 줄이기 위해서는…….'
  - '당신의 제안은 상호 간에 ~한 어려움이 있습니다. 이를 제거하기 위해서 우리는 _____을 제안합니다.'
  - '말씀하신 내용 중에 노후장비는 저희가 처리하는 것으로 하지요. 그러면 처리비용 중___원이 절감될……'
- I: INCREASE(파이, 이익을 키워라)
  - '자! 좀 더 넓은 시각으로 봅시다. 우리가 함께 얻을 수 있는 이익은……'
  - '지금의 작은 부분 때문에 협상(흥정)이 결렬된다면……'
  - '그럼, 매입원가를 줄이는 것보다는 매출향상을 이한 프로모션을 진행하는 것이 상호 더 큰 이익이……'
  의 방법이 있다.

④ 고객이 침묵을 지키고 제안하지 않으려 할 때 상대의 제안 끌어내는 방법
  - 상대방의 전문성을 활용하라.
    - '이 분야에 대해서는 ____께서 전문가이시니 먼저……?'
    - '일단 보고를 먼저 해보는 것이 어떻겠습니까?'
  - 토론을 제안으로 전환하라.
    - '당신의 말씀은 _____을 하자는 이야기지요?'
  - 수정제안을 하도록 만들어라.
    - '우리의 제안에 대한 고객님의 제안은 어떠신지요?'
  - 상대방이 바라는 것을 묻도록 하라.

- '이번 협상(흥정)에서 바라시는 것은……?'
- '이번 협상(흥정)에서 중요한 조건은?'
- 상대가 원하는 바를 먼저 제안하라.
    - '선생님의 입장을 고려한 우리의 제안은……'
- 최초의 제안을 하기 전 대강의 협상(흥정) 범위를 정하라.
- '이번 협상(흥정)에서는 ~과 ~을 다루고자 합니다. 어떻습니까?'의 방법을 활용하도록 하라.

영업실무자가 자신의 조건을 제안할 때 목적은 고객이 자신의 제안내용을 받아들이도록 설득하는 것이다. 그리고 고객이 영업실무자의 제안 조건을 보고 그 수준을 결정한 설명을 요구할 때(어떻게 이런 조건이 나왔는가? 근거는? 조건이 너무 부담된다 등), 수정된 조건에 대해서 고객이 설명을 요구할 때 고객을 설득시킬 수 있어야 한다. 최소한 설득은 아니더라도 납득 혹은 이해는 하도록 하여야 한다. 이를 위한 설득력 있는 제안의 구조는 다음과 같다.

⑤ 협상(흥정) 제안의 구조
- 제안: 협상(흥정)의 쟁점을 패키지로 제안한다. 고객이 선택하도록 제안한다.
- 제안의 가치: 이 제안을 통해 얻는 고객의 이익(구매비용 절감의 정도)을 강조한다. 만일 전략적으로 양보나 강화를 제안할 때는 그 가치를 더욱 명확히 고객이 알도록 한다.
- 제안의 이익: 고객이 자사의 상품과 서비스를 구매하는 궁극적인 이익을 강조한다. 이 이익은 고객의 가장 궁극적인 니즈

다. 이 니즈를 기회가 될 때마다 강조한다.
- 확인: 동의 여부를 확인한다.

⑥ 상대의 제안이 합리적일 때: 수용 가능할 때
- 경청: 고객의 제안 내용을 명확하게 한다. 반복하거나 요약하면서 고객의 제안내용을 확인한다. 메모한다. 고객의 제안 수준이 애매할 때는 반드시 질문해서 애매한 부분을 명확히 하도록 한다.
- 상대의 이익을 강조: 상대의 제안을 수용하였을 때 고객이 얻는 이익(구매비용 절감, 현장 사용부서의 문제해결의 이익 등)을 강조한다.
- 교환, 절충 시도: 그냥 고객이 제안을 수용하기 전에 추가적인 조건으로 이익률을 확보하는 노력을 한다.
  - 제안: 교환(다른 조건 간의 상호 교환), 절충(같은 조건의 차이 해결)을 한다. 'If~~'라는 표현을 쓴다. (만일 지금 제안하신 가격 ~을 저희가 수용한다면 결제를 ~으로 가능하시겠습니까?)
  - 이익: 이 제안의 이익을 강조
  - 확인

⑦ 상대의 제안이 비합리적일 때, 받아들일 수 없을 때 감정적인 대응을 하지 말고 고객의 이면을 파악하는 데 집중한다.
- 경청
- 근거요구: 고객의 제안에 대한 타당한 근거제시를 요구한다.

• 역제안: 고객의 근거를 듣고 수정된 조건을 제안한다.

어떠한 경우든 고객과 감정적인 대립을 해서는 안 된다. 만일 고객이 감정적으로 나온다면 맞대응하지 말고 고객이 감정을 모두 표현하도록 지켜보라. 그다음 고객이 조용할 때 그 이유를 묻거나 현안에 집중하자고 제안한다.

위의 방법을 활용할 준비와 고객의 제안에 대한 대응 준비가 되었으면 이제 고객과 만나 협상(흥정)을 진행할 수 있다. 이때에 협상(흥정)의 전체적인 흐름을 영업실무자가 주도할 수 있어야 한다. 진행을 주도한다는 것은 말을 많이 하는 것이 아니다. 영업상담이든 협상(흥정)상담이든 말은 고객이 많이 하도록 유도해야 한다. 이를 위해서 영업실무자는 이 상담을 이끌어 가는 기술이 있어야 한다. 이 기술은 다음 절에서 알아본다.

6) 협상(흥정)의 정보와 파워

협상(흥정)의 목표달성에 영향을 미치는 중요한 요소는 협상(흥정)의 파워이다. 그리고 이 파워는 갑과 을의 관계도 영향을 받지만, 어떠한 정보가 수집, 분석되는가에 매우 큰 영향을 받는다. 즉, 자신에게 불리한 정보가 상대에게 공개되어 자신의 협상(흥정)에서의 파워가 떨어질 수도 있다. 따라서 협상(흥정)에 임하는 영업실무자는 항상 이 파워와 정보에 대해 민감한 준비와 대응을 할 수 있어야 한다. 협상(흥정)의 파워와 정보에 대해 알아보도록 한다.

(1) 영업 협상(흥정)의 파워

협상(흥정)의 파워는 **"협상(흥정)의 과정과 결과가 자신이 원하는 조건으로 달성이 되도록 하기 위해 협상(흥정) 상대자에게 미치는 상대적인 능력과 영향력"**이다. 협상(흥정)에서 파워를 갖는다는 것은 자신의 희망수준에 가깝게 협상(흥정)의 결과를 도출할 수 있다는 것을 의미한다. 그리고 이 협상(흥정)의 파워는 고객/상대가 인정을 해야 하고, 그 사람의 협상(흥정) 목표, 전략, 전술 등의 실행에 영향을 미쳐야 한다. 따라서 영업실무자는 고객의 파워를 잘 이해하여야 함과 동시에 자신의 파워도 개발하고 협상(흥정)을 진행하면서 효과적으로 활용할 수 있어야 한다.

대부분의 협상(흥정)의 파워는 정보에 의해 발생된다. 특히 협상(흥정)을 진행하면서 발생하는 협상(흥정)의 기울기를 결정하는 레버리지는 정보에 절대적인 영향을 받는다. 그러므로 영업실무자는 고객과의 모든 관계에서 정보를 수집하는 데 게을러서는 안 된다.

① 파워의 원천

협상(흥정) 파워는 몇 가지의 요소에 의해 만들어진다. 영업실무자는 자신의 역량으로 개발이 가능한 파워를 스스로 만들 수 있어야 하고, 조직의 역량을 활용하여 다양한 파워를 만들 수 있어야 한다. 이러한 파워의 원천은,

- 환경적인 요소에서 파워가 발생한다. 협상(흥정)의 파워는 자사와 고객의 환경, 시장의 트렌드, 기술혁신, 고객의 니즈, 경쟁구도, 시간적 한계 등에 영향을 받고 만들어진다. 물론 분위기도 중요한 고려 요소이다.

- 관계에서 나오는 파워가 있다. 고객과 영업실무자, 고객과 자사의 위치와 규모 등은 협상(흥정)의 강력한 파워를 만든다. 구매자와 판매자의 관계 역시 갑과 을이라는 파워의 불균형을 만든다. 인간관계의 수준 역시 파워에 영향을 미친다.
- 정보와 전문성 또한 협상(흥정)의 파워를 만든다. 상대보다 더 많은 정보를 파악하고 활용할 수 있다면 자신에게 유리하게 협상(흥정)에 힘을 미칠 수 있다. 전문가로서 인정을 받는다면 이 또한 협상(흥정)에 영향을 미친다. 고객의 거래 필요성에 대해 더 많이 알면 알수록 더 큰 힘을 갖는다.
- 자원에 대한 통제력 역시 협상(흥정)의 파워에 영향을 미친다. 여기서 말하는 자원은 협상(흥정)의 거래 조건들에 영향을 미치는 요소들이다. 자원에 대한 통제력을 갖는다는 것은 자신이 가진 권한의 범위가 넓다는 것이다. 그래서 더 많은 선택을 할 수 있다. 대안 역시 통제할 수 있는 자원이다.
- 설득력은 고객을 움직이는 힘이 있다. 논리적인 접근, 사례와 근거에 입각한 제안 등은 강력한 설득력을 갖는다.
- 조직 내 위치에 따라서 협상(흥정)에서 갖는 파워와 상대에게 미치는 파워가 결정된다. 직위가 높다는 것은 더 많은 권한을 갖고 있다는 것을 의미한다. 이 직위의 힘은 협상(흥정)의 역동적인 관계를 잘 아는 협상(흥정) 전문가에게는 오히려 긍정적으로 작용할 수도 있다. 이 조직 내의 위치에 따른 힘을 협상(흥정)의 전술로 활용할 수도 있다.

② 파워특성

협상(흥정) 결과에 영향을 미치는 파워는 크게 두 가지 특성이 있다. 각각의 파워는 서로 다른 원천에서 시작되지만 협상(흥정)의 결과에 영향을 미치는 것은 동일하다. 관건은 영업실무자가 이 파워의 특성과 종류를 어떻게 이해하고 활용하는가에 달렸다.

- 고정된 파워: 갑과 을의 관계, 대기업과 중소기업, 제조사와 유통회사, 직위의 차이 등은 고정된 그리고 항상 명확하게 드러나는 파워이다. 이 파워는 영업실무자와 고객과의 초기 만남부터 영향을 미친다. 하지만 이 파워는 절대적인 영향력을 갖지 않는다. 그렇지만 이 파워를 쉽게 바꿀 수도 없고 무시해서도 안 된다.

- 움직이는 파워: 이 파워는 협상(흥정)의 결과에 직접적인 영향을 미치는 힘이다. 이 파워는 정보에 의해, 상황의 변화에 의해, 협상(흥정)가의 능력에 의해 그 힘의 기울기가 결정이 된다. 따라서 이 힘을 '레버리지'라고 표현한다. 이 레버리지를 결정짓는 요소로는 다음의 것들이 있다.

(i) 협상(흥정)자의 권한: 이 권한은 고정된 파워의 권한이 아니고 이번 협상(흥정)과 관련된 위임의 수준을 말한다. 위임받은 권한이 많을수록 협상(흥정)에서는 더 큰 결정권을 갖기 때문에 협상(흥정)의 결과에 영향을 미칠 수 있다.

(ii) 시간: 시간적인 한계 또는 여유는 협상(흥정)의 강력한 파워이다. 따라서 영업실무자의 협상(흥정) 파트너인 고객들이 가진 시간적인 한계를 파악하는 것이 중요하다. 상대적으로 영업실무자는 시간적인 여유를 갖기 어렵다. 내부

적인 영업목표 달성에 대한 압력, 경쟁사의 지속적인 경쟁, 고객의 지연 전술, 대안(가망고객의 수)의 부재 혹은 부족 등이 항상 영업실무자를 압박한다.

(iii) 상호 의존성: 상대에 대한 의존성이 높을수록-예를 들어 제조사와 유통업체의 관계-협상(흥정)의 기울기는 달라진다. 영업실무자가 제안한 상품과 서비스에 대한 고객의 필요와 욕구가 강할수록 협상(흥정)에서 영업실무가자 유리한 위치를 점할 수 있다. 이 욕구와 필요를 강하게 자극하는 활동이 영업활동임을 앞에서 강조한 이유가 여기에 있다.

(iv) 내부이해관계자 견제 또는 대립, 갈등, 협력은 또 다른 협상(흥정)의 기울기를 결정한다. 내부 이해관계자와의 단합이 중요한 이유이다.

(v) 정보: 무엇을 얼마나 정확하게 아는가는 협상(흥정)에서 매우 유용하다. 정보를 파악하는 기술과 파악한 정보를 활용하는 기술 또한 중요한 협상(흥정) 스킬이다.

(vi) BATNA는 최적의 협상(흥정) 대안이다. 이 대안의 수준은 상대에게뿐 아니라 협상(흥정)자에게도 강력한 영향력을 갖는다. 이 대안이 힘을 갖기 위해서는 상대가 인정하여야 하고, 협상이 타결되지 않으면 대안을 선택할 수도 있다는 것을 상대가 인식하여야 한다. 강력하지 못한 대안은 오히려 협상(흥정)의 기울기를 상대에게 유리하게 할 수도 있다.

(vii) 전략과 목표: 협상(흥정)에서 달성하고자 하는 목표의 수

준과 전략은 또 다른 협상(흥정)의 파워를 결정한다. 협상(흥정)목표가 낮다면, 즉 자신이 원하는 이익수준이 낮다면 훨씬 유연하고 여유 있게 협상(흥정)에 임할 것이다. 전략 또한 경쟁전략보다는 Win/Win의 전략(교환, 양보, 강화, 절충)을 추구할 때 상대적으로 여유가 많아 협상(흥정)의 기울기를 유리하게 이동할 수 있다.

(viii) 틀짜기(패키지, 의제)의 준비: 협상(흥정)에 대해 준비가 잘 되어 있으면 그만큼 자신 있게 협상(흥정)에 임할 수 있을 것이다. 이 준비를 영업실무자 혼자가 아니라 조직의 힘으로 준비하고 위임을 받았다면 더 큰 힘을 갖는다.

이러한 협상(흥정)의 움직이는 힘인 레버리지는 다양한 원천에서 만들어질 수 있다. 특히 정보는 절대적인 영향력을 갖는다. 영업실무자는 고객과 관계에서 고정된 파워에 위축되지 말고 움직이는 파워와 그 원천이 다양함을 알고 이를 효과적으로 활용할 수 있어야 한다.

③ 기타 파워의 종류

협상(흥정)의 결과에 영향을 미치는 파워는 다음의 것이 있다. 이 파워들 중에는 고정된 파워도 있고 레버리지를 결정하는 파워도 있다. 각 파워를 잘 이해하고 협상(흥정)에 활용하기 바란다.

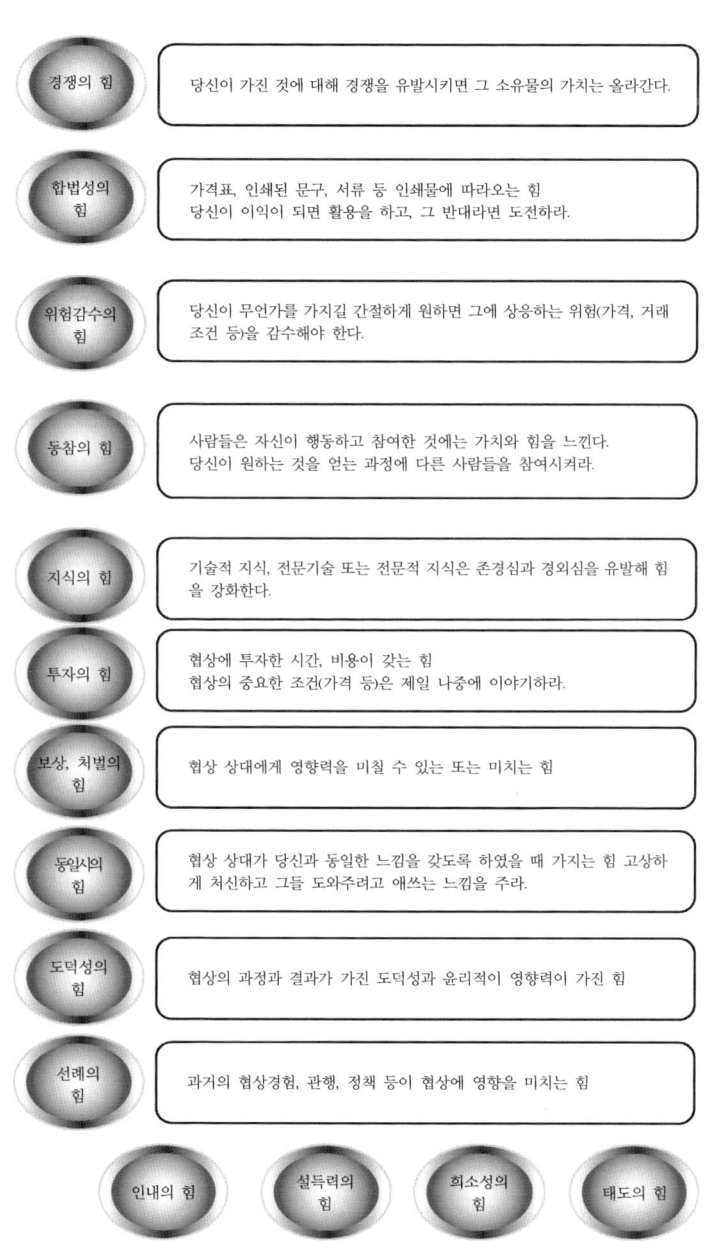

경쟁의 힘	당신이 가진 것에 대해 경쟁을 유발시키면 그 소유물의 가치는 올라간다.
합법성의 힘	가격표, 인쇄된 문구, 서류 등 인쇄물에 따라오는 힘 당신이 이익이 되면 활용을 하고, 그 반대라면 도전하라.
위험감수의 힘	당신이 무언가를 가지길 간절하게 원하면 그에 상응하는 위험(가격, 거래 조건 등)을 감수해야 한다.
동참의 힘	사람들은 자신이 행동하고 참여한 것에는 가치와 힘을 느낀다. 당신이 원하는 것을 얻는 과정에 다른 사람들을 참여시켜라.
지식의 힘	기술적 지식, 전문기술 또는 전문적 지식은 존경심과 경외심을 유발해 힘을 강화한다.
투자의 힘	협상에 투자한 시간, 비용이 갖는 힘 협상의 중요한 조건(가격 등)은 제일 나중에 이야기하라.
보상, 처벌의 힘	협상 상대에게 영향력을 미칠 수 있는 또는 미치는 힘
동일시의 힘	협상 상대가 당신과 동일한 느낌을 갖도록 하였을 때 가지는 힘 고상하게 처신하고 그들 도와주려고 애쓰는 느낌을 주라.
도덕성의 힘	협상의 과정과 결과가 가진 도덕성과 윤리적이 영향력이 가진 힘
선례의 힘	과거의 협상경험, 관행, 정책 등이 협상에 영향을 미치는 힘

인내의 힘 설득력의 힘 희소성의 힘 태도의 힘

[그림 2-17] 협상(흥정) 파워 종류

7) 협상(흥정)에서의 정보

① 정보의 의미

협상(흥정)의 목표를 달성하기 위해 협상(흥정)에 대한 전반적인 상황(상대의 BATNA의 가치, 시간적인 한계, 약점, 레버리지를 불리하게 하는 것, 기타 상대 내부의 상황변화, 경쟁사의 움직임, 고객의 움직임 등)을 파악해 협상(흥정)의 힘(레버리지)을 움직이게 하는 협상(흥정)의 요소가 정보이다.

즉, 영업실무자가 고객과 협상(흥정)을 전개하면서 파악하는 모든 상황적인 데이터들이 정보가 되며, 이 정보는 협상(흥정)의 결과를 좌우하는 레버리지의 기울기를 결정하는 중요한 협상(흥정)의 도구이다.

정보에는 상대에게 공개함으로써 자신에게 유리한 작용을 하는 정보가 있는 반면 상대에게 공개되어서는 안 되는 정보도 있다. 물론 상대에 대한 정보 중 상대에게 유리한 정보도 있고, 불리한 정보도 있다. 어떠한 정보든 영업실무자는 다양하고 많은 정보를 수집할 수 있어야 한다. 그다음 정보의 성격에 따라 적절히 대응하면 된다. 상대(고객)에게 유리한 정보는 모르는 체하거나 무시하는 것도 중요한 협상(흥정)의 전술이다.

② 알아야 할 정보

영업실무자가 자신의 상황에 대한 정보를 협상(흥정)에 활용하는 것은 당연한 일이다. 자신에게 유리한 작용을 하는 정보는 기꺼이, 그리고 다양한 방법으로 상대(고객)에게 알리는 것도 능력이다. 중요한 것은 상대(고객)에 대한 정보를 수집하고 활용하는 능력이다.

기본적으로 파악하여야 하는 정보로는 다음과 같다.

• 고객의 거래에 대한 정보
    - 고객의 현재상황과 필요성
    - 구매의 시간적 한계
    - 시장(고객)들의 트렌드
    - 내부 협상(흥정)의 일체감
    - 협상(흥정)가의 권한
    - 준거집단의 영향력
    - 고객의 구매력
    - BATNA[최적의 협상(흥정) 대안]의 존재여부와 가치
    - 의제의 우선순위

• 기타 파악하면 유리한 정보
    - 고객과 당신과의 관계는?
    - 고객이 영업실무자와 거래한 경험은?
    - 고객이 조직으로부터 받은 권한은?
    - 그 회사의 협상(흥정)조건에 대한 경쟁력은?
    - 고객이 가진 협상(흥정) 스타일은?
    - 협상(흥정)자가 협상(흥정)의 결과로 받는 보상은?
    - 고객이 이해관계자들로부터 받는 압력은?
    - 고객의 영향력은?
    - 고객이 최종적인 의사결정권자인가?
    - 아니면 누구이고? 그 사람을 직접 만날 수 있는가?

- 고객이 가진 상한선과 하한선은?
- 당신에 대한 상대의 태도는?
- 당신 회사에 대한 상대의 태도는?
- 과거 상대와 협상(흥정)을 한 사람이 우리 회사에 있는가? 있다면 누구? 그 결과는?
- 상대가 사용할 수 있는 전술은?

이러한 정보들은 직간접적으로 협상(흥정)의 파워와 결과에 영향을 준다. 각 정보들이 가진 가치를 협상(흥정)에 효과적으로 활용할 수 있어야 한다.

③ 정보수집 방법: 협상(흥정)에 도움이 되는 정보수집을 위해서는 다음의 원칙을 따르도록 하라.
- 정보수집 원칙
  - 가장 많이 아는 사람이 이긴다.
  - 탐정역할을 한다.
  - 기록, 메모를 하라.
  - 질문을 하라.
  - 어떠한 정보를 과소평가하지 마라.
- 정보수집의 도구
  - 참고자료: 공개된 보고서
  - 네트워크
  - 상대방
  - 온라인

- 도서관
- 기타
- 협상(흥정) 중 정보수집 방법
  - 계속 물어라.
    - 무엇이? (what)
    - 그 외에 또 뭐가 있는가? (what else)
    - 어느 것인가? (which)
    - 이유가 뭔가? (why)
    - 어느 정도 권한을 갖고 있는가?
    - 구매 과정은 어떠한가?
    - 누가 개입하는가?
  - 가정하라.
    - '이렇게 생각해 보자.'
    - '혹 ____라고 가정해 보자.'
    - '만일 _____ 이라면?'
  - 대답하라. 상대의 좋은 질문에 대해서는 적극 대답하면서 상대의 반응을 살펴라.
  - 요청하라. 좀 더 자세히 이야기해 달라고 요청하라. 특히 고객의 제안이 애매모호할 경우에는 항상 그 진의를 파악하여야 한다.
  - 거부를 극복하라.
    - 이유를 물어라.
    - 누가 거부하는지 파악하라.
    - 어떻게 하면 그 사람을 움직일 수 있는지 질문하라.
    - 다른 이유는 없는지 확인하라.

8) 협상(흥정)의 분위기

협상(흥정)의 분위기는 협상(흥정)에 임하는 당사자들에게 크고 작은 영향을 미친다. 협상(흥정) 분위기는 현장 상황적인 것(환경통제와 진행상황 주도성)과 심리적인 것(안심, 자신감, 편안함 등) 두 가지가 있다. 협상(흥정) 분위기가 중요한 이유는 협상(흥정)에서 자신의 이익을 극대화하는 데 중요한 요소이기 때문이다.

고객이 찾아온 상황과 영업실무자가 고객을 방문한 상황에 협상이 결과에 긍정적 혹은 부정적 영향을 주기도 한다.

영업실무자는 고객과 협상(흥정)을 준비하는 단계부터 이 분위기 신경을 써야 한다. 영업실무자는 자신이 원하는, 자신에게 유리한 분위기를 만들기 위해서는 다음과 같이 하면 효과적이다.

① 주변 환경을 점검하라.
② 방해물을 사전에 제거하라. 소음이나 다른 조직 구성원들의 방해물을 예상하고 파악해 사전에 제거하라. 필요하면 협상(흥정) 장소를 변경하거나 변경하자고 요청하라.
③ 홈그라운드가 미치는 영향을 잘 활용하라. 사람들은 심리적으로 편안한 상황에서 쉽게 양보하는 경향이 있다고 한다. 이 사실이 의미하는 것은 때로는 고객의 집에서 협상(흥정)하는 것이 유리할 수 있다는 것이며, 반대의 경우도 고려해야 한다는 것이다.
④ 자리 배치에 신경을 써라. 중요한 협상(흥정) 당사자가 지나치게 가까이 앉거나 너무 멀리 떨어져 앉으면 협상(흥정)의 분위기가 애매해진다.

⑤ 장시간의 협상(흥정)이 예상되면 휴게실 등을 준비하고 확인하라. 고객사에서 협상(흥정)을 진행하는 경우 사전에 휴게실 등의 위치를 파악하는 것이 좋다.

⑥ 협상(흥정) 상대자의 직위나 권한도 협상(흥정) 분위기에 영향을 미친다. 영업실무자가 기억할 것은 협상(흥정) 상대자인 고객의 직위가 높을수록 그 고객이 가진 양보의 폭이 구매 담당자보다 넓다는 것을 기억하고 활용할 수 있어야 한다.

3. 협상(흥정) 준비 프로세스

영업실무자는 영업활동과 협상(흥정)활동의 진행상황과 방법을 구분하여야 한다. 이를 위해서는 고객의 반응과 요구사항이 추가적인 영업활동을 요구하는 것인지 아니면 협상(흥정)을 요구하는 것인지를 구분할 수 있어야 한다. 일단 고객이 계약서를 요구하거나 가격을 묻거나 거래 조건에 대해 이야기할 때는 협상(흥정)으로 진행된다는 것으로 파악하고 그에 맞는 준비를 하여야 한다.

다음의 순서가 협상(흥정)을 준비하는 프로세스이다. 가능하다면 다음의 순서를 전개하지 않고 고객을 설득할 수 있으면 가장 바람직하다. B2C고객의 경우 이러한 노력으로만 구매를 결정하는 고객이 다수 있다는 것은 영업실무자들에게 매력적인 일이다. 하지만 영업실무자의 초기 제안(표준 판매조건)에 대해 고객은 부정적인 반응과 조건의 수정을 요구하는 경우가 대부분이다. 이럴 경우에는 다음의 순서를 전개해 협상(흥정)을 준비하도록 하는 것이 좋다.

(1) 쟁점을 규명, 합의하라

- 협상(흥정)의 의제, 합의할 조건들을 모두 끌어내라. 영업실무자가 고객에게 표준판매조건을 제안한다. 고객이 그 조건을 보고 당황하거나 난감해하면서 '가격을 깎아야 한다', '추가 서비스를 요구한다'고 제안한다. 이때 영업실무자는 '이번 거래에서 합의할 조건들이 어떤 것들이 있는지 알려 달라'고 요청해 고객이 생각하는 또는 수정하고자 하는 거래 조건들을 모두 파악하여야 한다. 이때 영업실무자는 자신이 가진 권한으로 고객과 사전 협상(흥정)을 시도한다. 여기서 합의가 되면 더 이상의 협상(흥정)이 없다. 다수 고객의 요구 조건 중 여기서 합의가 된 조건은 그대로 끝까지 그 힘을 가진다. 합의되지 않는 조건들에 대해서는 차후의 협상(흥정) 일정을 확정하도록 한다.

(2) 거래 조건의 우선순위를 정하라

- 조건의 중요도, 이익에 미치는 영향수준 등에 따라 자신의 우선순위를 정하라. 영업실무자는 고객과 합의하지 못한 조건들을 두고 조직 또는 상사와 협상(흥정)을 위한 조건 개발에 들어간다. 이때 우선적으로 각 조건의 우선순위(수익성과 내부 상황에 따라)를 정한다.

(3) 각 쟁점의 희망수준과 이탈수준을 정하라

- 협상(흥정)의 목표를 수립한 후 내부협의를 거쳐 협상(흥정)의 목표달성을 가능하게 하는 조건들의 조합을 개발해 조직

의 위임을 받는다. 영업실무자는 이 위임의 수준을 자신의 권한으로 활용하면 된다.

(4) 상대의 희망 수준과 이탈수준을 파악, 예측하고 협상 가능범위를 추론하라

- 상대의 각 쟁점의 목표를 발견하라. 처음의 협상(흥정)에서 고객이 제안한 조건들의 수준을 검토하면서 고객이 원하는 수준을 예측한다. 이때 활용하는 것이 등거리 법칙이다. 등거리 법칙은 서로의 제안에 대해 차이가 나는 범위의 50%를 더하거나 빼면서 상대의 협상 가능범위를 예측하는 것이다. 예를 들어 영업실무자의 제안 가격이 10,000원이다. 이 제안에 대해 고객은 9,000원을 역제안한다. 여기서 영업실무자의 10,000원은 영업실무자의 희망수준이고, 9,000원은 고객의 구매 희망 수준이다. 이 상황에서 등거리 법칙을 적용하면 서로 상대의 양보수준(영업실무자는 9,500원까지 깎을 수 있을 것이다. 고객은 9,500원까지 더 지불할 수 있을 것이다)을 예측하는 것이다. 어떠한 경우에든 이러한 방법으로 서로의 제안에 대해 협상 가능 수준을 예측하는 것이 중요하다.

(5) 자신과 상대의 BATNA를 파악하라

- 최적의 협상(흥정) 대안을 찾고 활용하라. 영업실무자는 자신의 대안인 다수의 다른 가망고객의 계약 가능성을 파악해 대안을 준비한다. 만일 이 대안(다른 가망고객)이 약하거나 없다면 협상(흥정)에서 불리하게 된다. 이 사실을 어떠한 경우

라도 고객이 모르도록 하여야 한다.

- 다음으로 고객의 대안(BATNA)을 파악한다. 만일 고객이 영업 실무자의 경쟁사를 언급할 때는 그 메시지를 실행할 가능성을 파악하고, 그 경쟁사와 자사의 거래 조건과 상품의 가치 분석 해 고객의 선택 폭 또는 선택할 수 있는 경우의 수를 줄인다.

(6) 협상(흥정) 가능 범위(ZOPA)를 설정하라

- 우리의 목표수준에서 수용할 수 있는 각 조건의 수준을 우선 순위를 기준으로 그 종류를 개발한다.
- 상대의 희망가격을 듣고 고객이 가질 수 있는 수준의 종류를 예측하고, 직접 협상(흥정)을 하면서 그 경우의 수를 파악한 다. 이때 활용하는 것이 등거리 법칙이다.

(7) 각 쟁점을 일괄타결 형식으로 묶어라(패키지로 만들어라)

- 수용 가능한 협상 목표달성을 가능하게 하는 조건들을 다양 한 조합으로 제안하라.

(8) 설득의 논리를 개발하라(∼이기 때문에, ∼에 따르면……)

- 각각 제안의 설득논리를 준비하라. 고객의 니즈충족의 이익을 강조하면서 조건의 수정을 통해 고객이 얻는 구매비용 절감을 강조한다.

(9) 협상(흥정)의 전략과 전술을 개발하고 예측하라

- 전략: 각 쟁점을 다음의 6가지 방법으로 전략 수립

포기, 양보, 절충, 경쟁(우리가 유리하게, 양보할 수 없는 것), 교환, 덤, 양보

- 전술: 상대가 나의 제안을 수용하거나 고민하도록 설득하기 위해 협상에서 활용하는 기술, 협상의 책략을 개발하고 활용하며, 상대의 협상(흥정)의 책략과 대응할 수 있는 대응 전술 개발 및 활용

(10) 한계점과 파워-레버리지를 파악하라

- 시간, 권한, 상호 의존성, 정보 등을 중심으로 영업실무자와 고객의 파워와 레버리지를 파악한다.

위의 내용이 영업실무자가 고객과 성공적인 협상(흥정)을 진행하기 위해 필수적으로 알아야 하는 지식과 기술들이다. B2C영업실무자의 경우 고객과 상담을 하는 영업현장에서 곧바로 협상(흥정)이 전개되는 경우가 많다. 영업실무자 입장에서 다행스러운 것은 협상(흥정)에 들어가는 고객의 경우 그렇게 전략적으로 협상을 준비하는 경우가 드물다는 것이다. 하지만 영업실무자 입장에서는 거래의 유리한 결과를 위해서 협상의 전체적인 지식과 기술들을 알고 있어야 할 것이다. 사실 위의 모든 내용이 협상(흥정) 상황에 모두 활용된다. 다음으로는 고객과 협상(흥정)을 전개할 때 이 상황을 주도할 수 있는 프로세스에 대해 알아보자.

4. 협상(흥정)을 이끌어라

영업실무자가 고객을 만나 상품과 서비스를 제안하고 고객을 설득하는 상담 프로세스와 같이 협상(흥정)을 진행하는 데도 협상(흥정) 프로세스가 있다. 이 프로세스 역시 영업실무자가 협상 상담을 주도하면서 고객의 말을 경청하고 고객을 설득하는 것이 목적이다. 즉, 영업실무자는 가급적 빠른 횟수에 협상(흥정)을 마무리 짓는 것이 이익률을 보호하는 데 유리하다. 협상(흥정)의 횟수가 많아질수록 대부분은 고객의 요구조건에 가깝게 협상(흥정)이 타결되기 때문이다.

그리고 이 프로세스가 영업실무자에게 중요한 것은 협상(흥정)을 주도할 수 있는 기본 틀이기 때문이다.

영업실무자는 다음의 순서로 협상(흥정)을 주도하도록 하라.

협상(흥정) 진행 순서
  (1) 분위기 조성
    – 고객의 마음을 여는 오픈 마인드 단계이다.
    – 항상 고객을 만나 협상(흥정)을 할 때 본론으로 들어가기 전 분위기 형성을 위한 대화를 나누도록 하라.
    – 항상 먼저 마음을 열고 인간적인 신뢰를 구축하고 고객의 긴장감을 해소해 주도록 하라.
    – 다양한 대화의 소재(개인적, 날씨, 뉴스, 비즈니스 동향 등)를 준비하도록 하라.
    – 고객의 기분과 심리상태를 파악하라.
  (2) 진행사항 확인 및 합의: 아젠더 합의

- 이제까지 합의된 조건을 확인한다. 합의된 조건에 대한 서로 간의 이해 정도를 확인하고 오해의 소지를 없앤다.
- 오늘 협의할 조건과 협상(흥정) 진행의 방법, 시간 등을 합의한다.

(3) 오늘의 목적 합의
- 오늘 달성하고자 하는 목적(합의할 조건들)을 공유한다.
- 영업실무자는 이 단계에서 조급함을 버려야 한다.

(4) 초기 조건 교환
  · 서로가 준비한 조건의 내용을 제안한다.
  · 서로의 제안에 대해 그 가치를 검토하고 역제안을 준비한다.
- 대응
  · 고객의 협상(흥정) 전술을 파악하고 적절하게 대응한다.
  · 영업실무자 또한 자신의 협상(흥정) 전술을 펼친다.
  · 협상의 기울기를 유리하도록 하는 상대방에 대한 정보를 파악하고 활용한다.
- 절충과 합의, 양보, 강화, 교환을 한다.
  · 협의할 조건들에 대한 조정(교환, 절충 등)을 한다.
  · 전략적인 양보를 한다.
  · 개별 혹은 패키지로 합의를 시도한다.

(5) 진행 여부 파악
- 사전에 합의한 협상(흥정)진행 시간이 됨에 따라 더 진행할 것인지 다음에 재협상(흥정)할 것인지를 논의한다.
- 중요한 조건에 대한 합의가 이루어지지 않았으면 재협상(흥정)을 제안하도록 하라.

– 오늘 마무리 지으려는 조급함을 버려라.

(6) 마무리

– 오늘의 결과와 합의

• 오늘 합의된 조건을 재확인한다.

• 서명

– 다음 협상(흥정) 아젠더 합의

• 다음의 협상(흥정) 일정, 참석자, 장소, 협의할 조건들을 합의한다.

(7) 최종 마무리

– 협상(흥정)이 마무리되고 최종적인 계약서를 작성한다.

– 중요한 조건에 대한 합의에 문제가 있다면 철회하거나 재협상(흥정)을 요구하여야 한다.

5. 영업실무자가 사용할 수 있는 협상(흥정) 전술

다음의 전술들은 영업실무자가 고객과 협상(흥정)을 하면서 활용할 수 있는 전술들이다. 이 전술들의 활용능력에 따라 협상(흥정)의 기울기를 결정하고 협상의 결과수준이 결정될 것이다. 고객보다 협상(흥정)에서 파워가 떨어진다고(갑과 을의 관계) 영업실무자가 협상(흥정)의 레버리지까지 고객에게 기울게 할 수는 없다. 영업실무자의 목적은 매출의 이익률을 올리는 것임을 명심하고 다음의 전술들을 적절하게 활용하기 바란다.

(1) 바지선 끌기 전술: 작은 예인선이 큰 바지선을 끌듯이

① 한 번에 조금씩 움직인다.

② 작고 쉬운 것부터 합의하라.

③ 한 번의 거절에 포기하거나 양보하지 마라.

④ 인내하고 끈기 있게 대응하라.

(2) 산책 전술: 협상(흥정)이 진전되지 않을 때, 고객이 다른 대안을 선택하겠다고 할 때 잠시 휴식시간을 갖는다.

① 여유를 갖기

② 상대의 시간의 한계를 파악하기

③ 고객의 대안을 분석해 비교해 주기

(3) 체면을 건드리는 전술

① '그렇다고 못할 당신이 아니잖습니까?'

② '이 정도의 상품을 고려하시는 분이라면 충분히 수용할 수 있을 것이라……'

③ 고급 브랜드, 부유한 고객에게 적합

(4) 상대의 권위활용 전술

① '당신에게는 그럴 능력이 있지 않습니까!'

② '전문가이시니 더 잘 알고 계시리라……'

③ '이 정도의 권한은 충분히 갖고 계시리라……' 아니면 '다른 누군가의 허락이 필요하신지?'

(5) 고독 전술: 고객을 혼자 두라. 고객을 혼자 내버려 두기

① 자신의 매장으로 고객을 오게 한 후 설명하고 스스로 문제를 해
  결하고 결정하도록 하라.

② 때로는 고객이 구매하려는 상품과 함께 혼자 두라.

③ '생각할 시간을 드리겠습니다. 천천히 검토하신 후……'

(6) 기정사실화 전술: 고객이 이미 구매하였다는 전제로

① 부가기능이나 액세서리, 옵션과 같은 추가 사항을 선택하도록
  할 때

② 고객이 최고의 제품을 고르도록 할 때

③ 미리 모든 것을 결정하지 마라.

④ 다른 선택안을 제거하면서 제품에 고착되도록

(7) 침묵 전술: 제안한 후 침묵

① 먼저 침묵을 깨는 사람이 대부분 불리해진다.

② 고객이 언제나 '예'라는 대답을 할 것이라고 믿어라.

③ 고객이 당신의 제안을 수용할지 안 할지를 알 수 있을 때까지
  한마디도 하지 마라.

④ 고객의 감성을 자극하는 메시지를 던져라.

⑤ 침묵을 깨야 할 때는 양보하지 말고 현안으로 들어가거나 침묵
  하는 동안의 상대의 결정을 묻거나, 처음부터 다시 하자고 한다.

⑥ 때로는 의도적으로 고객의 말을 못 들은 척한다.

(8) 조건부 마무리 전술: 큰 거래 , 고객이 자신의 주장을 강하게 할 때

① 고객에게 다른 조건을 제안해 교환을 시도

② "만일 ~을 해 드리면 ~을 해 주실 수 있는지?"

(9) 추가조건 제안 전술: 고객에게 필요한 것을 덤으로 주기

① 고객의 부가조건 통과가 확실할 때: 마지막 수단으로 사용

② 고객의 구매결정의 번복을 제거하기 위해

③ 영업실무자의 비용이 많이 들어간다고 엄살 피우면서

(10) 논리적 전술: 이익 강조

① 영업실무자의 제안이 주는 이익을 강조

② 구매비용의 절감을 강조

③ 심리적인 이익-전환비용 감소 등

(11) 실수 전술: 실수를 의도적으로 활용

① 초기 제안을 높게 한 후 자신의 실수라고 하면서 적정수준을 양
   보하거나 혹은 반대로 자신의 실수라고 하면서 초기 제안보다
   높은 가격을 제시해 초기 제안을 고객이 수용하도록 한다.

② 고의로 작은 실수를 하고 크게 당황하면서……

③ 고객의 실수는 모른 척하거나 간접적으로 알도록

(12) 배수의 진 전술: 당신이 판매를 포기한 것처럼 보여야 함

① '잘 알겠습니다, 물건을 살 의향이 없다는 것을 알았습니다. 그
   런데 참고로 묻겠는데요, 왜 사지 않으려는 것인가요? 제가 뭘

잘못했나요?'

　　– 판매를 포기하는 척한다. 이것을 고객이 믿을 수 있어야 한다.

　　– 고객의 긴장을 풀어 놓는다.

　　– 고객으로 하여금 한 가지 문제에 초점을 맞추게 한다–진정한
　　　반대이유를 찾는다.

　　– 그 문제를 해결한다.

(13) 습관화 전술: 일단 사용해 보도록 한다 ➜ 고객 습관화 시도

① 시제품 사용기회 제공

② 샘플 제공

③ 고객과 제품을 사진 찍기 ➜ 체험

④ 쉽게 사용하도록

⑤ 고객의 업무 지원하기

(14) 'Yes' 전술: 작은 결정이 큰 결정을 하게 한다.

① 고객이 작거나 부담이 적은 조건을 하나씩 받아들이게 하는 방법

② 고객으로 하여금 긍정적인 답과 마음을 갖도록

③ 이미 합의한 것, 상품의 가치 등을 강조하면서 '예'를 유도

(15) Anchoring 전술: 먼저 높은 수준을 제안하기

① 과감하게 제안하라.

② 상대의 Anchoring에 흔들리지 마라.

③ 절대로 미리 깎아 주지 마라.

④ 고객이 당황해하면 항상 흥정의 기회는 있다고 말하라.

⑤ 고객이 협상장을 떠나게 해서는 안 된다.

(16) '질문에는 질문으로' 전술

① 질문을 통해 고객의 정보를 파악하는 방법

② 유리한 질문에는 답을 하도록

③ 불리한 조건에는 질문을 통해 원인 등 이면을 파악

④ 고객이 질문에는 역질문으로 대응

(17) 연상 전술: 마음을 정하지 못한 고객에게 실제로 일어난 흥미로운 사건을 고객과 연계해 그 이익을 상상하도록 자극하는 전술로 제안의 수준과 항목을 줄이기 위해

① 사례를 제시하고 스스로 결정을 내리도록 하라.

② 사람들은 10%만 스스로 결정을 내린다. 의사결정을 지원해 주어야 한다.

③ 구매 후의 이익을 강조하면서 구매비용을 투자로 전환

④ 마인드 픽쳐를 그려 준다. 고객이 구매 후 누리는 혜택을 상상하도록 자극한다.

(18) 대안선택 전술: 둘 중 하나

① 사람들은 결정하는 것보다 선택하는 것을 선호한다.

② 선택안을 2~3개 던지고 고르도록-조건의 패키지화

③ 너무 많은 선택안은 오히려 부작용을 일으킨다.

④ 고객은 선택하지 못하면 자신의 선택안을 제시한다.

(19) Help Me 전술: 실패가 느껴질 때 문제가 무엇인지를 묻는다.

① 제안에 대해 반대하거나 협상(흥정) 타결이 안 될 때 "무엇이 문제인가?"

② 고객이 다른 대안을 선택함이 확실할 때 "제안 내용 중 문제가 무엇인지?"를 묻는다.

③ 다음 거래를 위해 조언해 달라고 요청한다.

④ 의외의 답이 나와 신속하게 대응할 수 있을 것이다.

(20) 다각화 전술: 구매관계자 전체를 대상으로

① 구매관계자 전체를 공략

    • 사용기회 제공

    • 이벤트로 참여하도록

② 조건의 다각화를 시도해 파이를 키운다.

(21) 여유 전술

① 제안 후 고객의 검토 혹은 결정을 기다리겠다.

② 충분한 시간을 제공하겠다고 하면서……

③ 고객이 대안이 없거나 약할 때

④ 고객이 특정 브랜드에 대한 충성도가 높을 때

⑤ 영업실무자의 대안이 강력할 때

(22) BL 전술: 이익(Benefit)과 손해(Loss)

① 고객이 얻는 이익은

    • 구매비용의 실질적 절감

- 고객의 이익을 이미지화시켜 준다.

② 연기 혹은 결렬 시 비용을 강조

- 이익이 상실
- 추가 손실 발생
- 지금 겪고 있는 불편함의 지속

(23) 추가이익 전술: 고객이 얻는 이익을 한꺼번에 말하지 말고 상황에 따라 문득 떠오른 생각처럼 말하라.

① '막 생각이 났는데요……'

② '아 참! 이번부터는 _____한 조건을 저희가 양보해 드리는 데……'

(24) 덤 주기 전술: 협상(흥정)의 마지막에 고객의 마음을 흔들기 위해

① 고객이 요청하지는 않았지만 상품과 서비스의 가치를 올릴 수 있는 무엇인가를 제공

- 결정을 하시면 ~을 추가로 제공해 드리도록……
- 사은품이 좋은 것이 있는데……

② 고객으로부터 덤을 얻을 수도 있다. 마지막에 작은 것을 요청하라.

- "그럼 ~은 ~게 하는 것이죠!"

(25) 우발적 사건의 법칙

① 고객이 발생 가능성이 적은 어떤 기능 혹은 사건에 대해 우려를 표하면서 가격을 깎으려 할 때 다음과 같이 역제안을 하는 것이다.

- 고객: "신제품이라 기능에 확신이 들지 않는다. 고장이라도 나면 예상되는 손실이 ~이므로 가격을 5%도 깎아야겠다."
- 영업실무자: "그럼 지금 가격대로 계약하시고 서비스 기간 이내라도 고장이 발생하면 그때 구매금액의 5%을 돌려드리는 것으로……." 이때도 가급적 고객이 요구하는 수준을 낮춘다.

이상의 내용이 영업실무자가 고객과 협상(흥정)을 수행할 때 알아야 하는 가장 기본적인 지식과 기술들이다. 이 지식과 기술을 바탕으로 영업실무자는 고객의 전술에도 효과적으로 대응하는 능력이 요구된다. 영업실무자가 경험하는 다양한 협상의 상황과 고객의 전술에 대한 대응기술에 대해서는 다음 시리즈에서 자세하게 알아보도록 한다.

1. 협상(흥정)은 거래 조건을 두고 상호 원하는 수준으로 계약하기 위한 커뮤니케이션 과정이다.

2. 협상은 항상 시간적 여유를 갖고 진행한다.

3. 고객이 협상에 임하는 것은 상품의 가치를 인정한 후 자신의 구매력 문제를 해결하거나 구매목표를 달성하기 위해서이다.

4. 성공적인 협상(협상의 목표달성)을 위해서는 다양한 지식과 기술을 습득해야 한다.

5. 협상의 성공 여부는 준비와 실행 그리고 심리적인 게임을 얼마나 잘하는가에 달렸다.

6. 고객은 자신의 협상 성공을 위해 다양한 방법과 책략으로 협상에 임한다. 영업실무자는 이 고객의 전략과 전술에 유연하고 전략적으로 대응해야 한다.

7. 갑-을의 관계는 협상의 성과에 결정적인 영향을 주지 않는다. 정보와 상황의 변화에 따라 협상의 기울기는 항상 변한다.

8. 영업실무자는 자신의 권한(협상에서 양보할 수 있는 가격수준)이 제한되었다고 협상을 진행하지 못하는 것은 아니다.

9. 영업실무자는 자신의 권한 내에서 고객과 협상을 타결하는 데 집중해야 한다. 자신의 권한을 벗어난 고객의 요구는 조직의 지원과 결정을 요청해야 한다.

송균석

현) 건국대학교 경영학과 교수
    글로벌경영학회 부회장
    한국상품학회 부회장
    한일경상학회 부회장

저서)『지식경영의 시대(역서)』
    『NON 호모 이코노미쿠스』등

노진경

현) SMi-Lab세일즈마스타 대표
    한국생산성본부 지도교수
    한국표준협회 경영전문위원
    한국HRD교육센터 교수
    한국HRD교육방송 세일즈아카데미 교수
    조세일보 세일즈컬럼리스트
    한국영업관리학회 상임이사
    한국대강소기업상생협회 전문위원

저서)『영업달인의 비밀노트』
    『영업협상! 이렇게 준비하고 끝내라』등

B2C영업 성공전략 [2018 개정판]

초판인쇄 2018년 1월 15일
초판발행 2018년 1월 15일

지은이 송균석·노진경
펴낸이 채종준
펴낸곳 한국학술정보㈜
주소 경기도 파주시 회동길 230(문발동)
전화 031) 908-3181(대표)
팩스 031) 908-3189
홈페이지 http://ebook.kstudy.com
전자우편 출판사업부 publish@kstudy.com
등록 제일산-115호(2000. 6. 19)

ISBN 978-89-268-8190-3 13320